Maître du monde

Jules Verne

I

Ce qui se passe dans le pays

Cette rangée de montagnes, parallèle au littoral américain de l'Atlantique, qui sillonne la Caroline du Nord, la Virginie, le Maryland, la Pennsylvanie, l'État de New York, porte le double nom de monts Alleghanys et de monts Appalaches. Elle est formée de deux chaînes distinctes : à l'ouest, les monts Cumberland, à l'est, les Montagnes-Bleues.

Si ce système orographique, le plus considérable de cette partie de l'Amérique du Nord, se dresse sur une longueur d'environ neuf cents milles, soit seize cents kilomètres, il ne dépasse pas six mille pieds en moyenne altitude et son point culminant est marqué par le mont Washington[1].

Cette sorte d'échine, dont les deux extrémités trempent, l'une dans les eaux de l'Alabama, l'autre dans les eaux du Saint-Laurent, ne sollicite que médiocrement la visite des alpinistes. Son arête supérieure ne se profilant pas à travers les hautes zones de l'atmosphère, elle ne saurait attirer comme les superbes sommités de l'ancien et du nouveau monde. Cependant il était un point de cette chaîne, le Great-Eyry, que les touristes n'auraient pu atteindre, et il semblait bien qu'il fût pour ainsi dire inaccessible.

D'ailleurs, bien qu'il eût été négligé jusqu'alors par les ascensionnistes, ce Great-Eyry n'allait pas tarder à provoquer l'attention et même l'inquiétude publique pour des raisons très particulières que je dois rapporter au début de cette histoire.

Si je mets en scène ma propre personne, cela tient à ce qu'elle a été très intimement mêlée – cela se verra – à l'un des événements les plus extraordinaires dont ce vingtième siècle doive sans doute être le témoin. Et j'en suis même à me demander parfois s'il s'est accompli, s'il s'est passé tel que me le rappelle ma mémoire, – peut-être serait-il plus juste de dire mon imagination. Mais, en ma qualité d'inspecteur principal de la police de Washington, poussé, d'ailleurs, par l'instinct de curiosité qui est développé en moi à un degré extrême, ayant depuis quinze ans pris part à tant d'affaires diverses, souvent chargé de missions secrètes pour lesquelles j'avais un goût prononcé, il n'est pas étonnant que mes chefs m'aient lancé dans cette invraisemblable aventure où je devais me trouver aux prises avec d'impénétrables mystères. Seulement, dès le début de ce récit, il est indispensable que l'on me croie sur parole. À propos de ces

---

[1] 1918 mètres d'altitude.

faits prodigieux, je ne puis apporter d'autre témoignage que le mien. Si l'on ne veut pas me croire, soit ! on ne me croira pas.

Le Great-Eyry est précisément situé en un point de cette chaîne pittoresque des Montagnes-Bleues qui se profile sur la partie occidentale de la Caroline du Nord. On aperçoit assez distincte sa forme arrondie en sortant de la bourgade de Morganton, bâtie sur le bord de la Satawba-river, et mieux encore du village de Pleasant-Garden, plus rapproché de quelques milles.

Qu'est-ce, en somme, ce Great-Eyry ?... Justifie-t-il cette appellation que lui ont donnée les habitants des districts voisins de cette région des Montagnes-Bleues ?... Que celles-ci aient été ainsi dénommées en raison de leur silhouette qui se teinte d'azur dans certaines conditions atmosphériques, rien de plus naturel. Mais si du Great-Eyry on a fait une aire, est-ce donc que les oiseaux de proie s'y réfugient, aigles, vautours ou condors ?... Est-ce là un habitat particulièrement choisi par les grands volateurs de la contrée ?... Les voit-on planer en troupes criardes au-dessus de ce repaire qui n'est accessible que pour eux ?... Non, en vérité, et ils n'y sont pas plus nombreux que sur les autres sommets des Alleghanys. Au contraire même, et cette remarque a été faite qu'à de certains jours, lorsqu'ils s'approchent du Great-Eyry, ces oiseaux se montrent plutôt empressés à s'enfuir, et, après avoir décrit dans leur vol des cercles multiples, ils s'éloignent en toutes directions, non sans troubler l'espace de leurs assourdissantes clameurs.

Alors, pourquoi ce nom de Great-Eyry, et n'eût-il pas mieux valu l'appeler « cirque » tel qu'il s'en rencontre en tous pays dans les régions montagneuses ? Là, en effet, entre les hautes parois qui l'entourent, doit se creuser une large et profonde cuvette... Qui sait même si elle ne contient pas un petit lac, un lagon, alimenté par les pluies et les neiges de l'hiver, ainsi qu'il en existe en maint endroit de la chaîne des Appalaches à des altitudes variables, comme en divers systèmes orographiques de l'ancien et du nouveau continent ?... Et ne devrait-il pas, dès à présent, figurer sous cette dénomination dans les nomenclatures géographiques ?...

Enfin, pour épuiser la série des hypothèses, n'y avait-il pas là le cratère d'un volcan, et ce volcan dormait-il d'un long sommeil dont les poussées intérieures le réveilleraient quelque jour ?... Fallait-il redouter en son voisinage les violences du Krakatoa ou les fureurs de la montagne Pelée ?... Dans l'hypothèse d'un lagon, n'était-il pas à craindre que ses eaux, pénétrant les entrailles de la terre, puis vaporisées par le feu central, ne vinssent à menacer les plaines de la Caroline d'une éruption équivalente à celle de 1902 de la Martinique ?...

Or, justement, à l'appui de cette dernière éventualité, certains symptômes récemment observés trahissaient par la production de vapeurs l'action d'un travail plutonique. Une fois même, les paysans, occupés dans la campagne, avaient entendu de sourdes et inexplicables rumeurs.

Des gerbes de flammes étaient apparues de nuit.

Des vapeurs sortaient de l'intérieur du Great-Eyry, et, lorsque le vent les eut rabattues vers l'est, elles laissèrent sur le sol des traînées de cendre ou de suie. Enfin, au milieu des ténèbres, ces flammes blafardes, réverbérées par les nuages des basses zones, avaient répandu sur le district une sinistre clarté.

En présence de ces étranges phénomènes, on ne s'étonnera pas que le pays se fût abandonné à de sérieuses inquiétudes. Et à ces inquiétudes se joignait l'impérieux besoin de savoir à quoi s'en tenir. Les journaux de la Caroline ne cessaient de signaler ce qu'ils appelaient « le Mystère du Great-Eyry ». Ils demandaient s'il n'était pas dangereux de séjourner dans un tel voisinage... Leurs articles provoquaient à la fois la curiosité et les appréhensions, –curiosité de ceux qui, sans courir aucun danger, s'intéressaient aux phénomènes de la nature, appréhensions de ceux qui risquaient d'en être les victimes, si ces phénomènes menaçaient la contrée environnante. Et, pour le plus grand nombre, c'étaient les habitants des bourgades de Pleasant-Garden, de Morganton et des villages ou simples fermes assez nombreuses au pied de la chaîne des Appalaches.

Assurément, il était regrettable que les ascensionnistes n'eussent pas cherché jusqu'alors à pénétrer dans le Great-Eyry. Jamais le cadre rocheux qui l'entourait n'avait été franchi, et peut-être même n'offrait-il aucune brèche qui eût donné accès à l'intérieur.

Toutefois, le Great-Eyry n'était-il donc pas dominé par quelque hauteur peu éloignée, cône ou pic, d'où le regard aurait pu parcourir toute son étendue ?... Non, et, sur un rayon de plusieurs kilomètres, son altitude n'était point dépassée. Le mont Wellington, l'un des plus hauts du système des Alleghanys, se dressait à trop longue distance.

Cependant une reconnaissance complète de ce Great-Eyry s'imposait maintenant. Dans l'intérêt de la région, il fallait savoir s'il ne renfermait pas un cratère, si une éruption volcanique menaçait ce district occidental de la Caroline. Il convenait donc qu'une tentative fût faite pour l'atteindre et déterminer la cause des phénomènes observés.

Or, avant cette tentative, dont on savait les sérieuses difficultés, une circonstance se présenta, qui permettrait sans doute de reconnaître la disposition intérieure du Great-Eyry, sans en faire l'ascension.

Vers les premiers jours de septembre de cette année, un aérostat, monté par l'aéronaute Wilker, allait partir de Morganton. En profitant d'une brise de l'est, le ballon serait poussé vers le Great-Eyry, et il y avait des chances pour qu'il passât au-dessus. Alors, quand il le dominerait de quelques centaines de pieds, Wilker l'examinerait avec une puissante lunette, il l'observerait jusque dans ses profondeurs ; il reconnaîtrait si une bouche de volcan s'ouvrait entre ses hautes roches. C'était, en somme, la principale question. Une fois résolue, on saurait si la contrée environnante devait craindre quelque poussée éruptive dans un avenir plus ou moins rapproché.

L'ascension s'effectua selon le programme indiqué. Un vent moyen et régulier, un ciel pur. Les vapeurs matinales venaient de se dissiper aux vifs rayons du soleil. À moins que l'intérieur du Great-Eyry ne fût empli de brumailles, l'aéronaute pourrait le fouiller du regard dans toute son étendue. Si des vapeurs s'en dégageaient, nul doute qu'il ne les aperçût. En ce cas, il faudrait bien admettre qu'un volcan, ayant le Great-Eyry pour cratère, existait en ce point des Montagnes-Bleues.

Le ballon s'éleva tout d'abord à une altitude de quinze cents pieds et resta immobile pendant un quart d'heure. La brise ne se faisait plus sentir à cette hauteur, alors qu'elle courait à la surface du sol. Mais, grosse déception ! l'aérostat ne tarda pas à subir l'action d'un nouveau courant atmosphérique, et prit direction vers l'est. Il s'éloignait ainsi de la chaîne et nul espoir qu'il dût y être ramené. Les habitants de la bourgade le virent bientôt disparaître et apprirent plus tard qu'il avait atterri aux environs de Raleigh, dans la Caroline du Nord.

La tentative ayant échoué, il fut décidé qu'elle serait reprise en de meilleures conditions. En effet, d'autres rumeurs se produisirent encore, accompagnées de vapeurs fuligineuses, de lueurs vacillantes que réverbéraient les nuages. On comprendra donc que les inquiétudes ne pussent se calmer. Aussi, le pays demeurait-il sous la menace de phénomènes sismiques ou volcaniques.

Or, dans les premiers jours d'avril de cette année-là, voici que les appréhensions, plus ou moins vagues jusqu'alors, eurent des motifs sérieux de tourner à l'épouvante. Les journaux de la région firent promptement écho à la terreur publique. Tout le district compris entre la chaîne et la bourgade de Morganton dut redouter un bouleversement prochain.

La nuit du 4 au 5 avril, les habitants de Pleasant-Garden furent réveillés par une commotion qui fut suivie d'un bruit formidable. De là, irrésistible panique, à la pensée que cette partie de la chaîne venait de s'effondrer. Sortis des maisons, tous étaient prêts à s'enfuir, craignant de voir s'ouvrir quelque immense abîme où s'engloutiraient fermes et villages sur une étendue de dix à quinze milles.

La nuit était très obscure. Un plafond d'épais nuages s'appesantissait sur la plaine. Même en plein jour, l'arête des Montagnes-Bleues n'eût pas été visible.

Au milieu de cette obscurité, impossible de rien distinguer, ni de répondre aux cris qui s'élevaient de toutes parts. Des groupes effarés, hommes, femmes, enfants, cherchaient à reconnaître les chemins praticables et se poussaient en grand tumulte. Deçà, delà, s'entendaient des voix effrayées :

« C'est un tremblement de terre !...

– C'est une éruption !...

– D'où vient-elle ?

– Du Great-Eyry... »

Et jusqu'à Morganton courut la nouvelle que des pierres, des laves, des scories, pleuvaient sur la campagne.

On aurait pu faire observer, tout au moins, que dans le cas d'une éruption, les fracas se fussent accentués. Des flammes auraient apparu sur la crête de la chaîne. Les coulées incandescentes n'auraient pu échapper aux regards à travers les ténèbres. Or, à personne ne venait cette réflexion, et ces épouvantés assuraient que leurs maisons avaient ressenti les secousses du sol. Il était possible, d'ailleurs, que ces secousses fussent causées par la chute d'un bloc rocheux qui se serait détaché des flancs de la chaîne.

Tous attendaient, en proie à une mortelle inquiétude, prêts à s'enfuir vers Pleasant-Garden ou Morganton.

Une heure s'écoula sans autre incident. À peine si une brise de l'ouest, en partie arrêtée contre le long écran des Appalaches, se faisait sentir à travers le rude feuillage des conifères, agglomérés dans les bas-fonds des marécages.

Il n'y eut donc pas de nouvelle panique et chacun se disposa à réintégrer sa maison. Il semblait bien qu'il n'y eût plus rien à craindre, et, pourtant, il tardait à tous que le jour reparût.

Qu'un éboulement se fût produit, tout d'abord, qu'un énorme bloc eût été précipité des hauteurs du Great-Eyry, cela ne paraissait pas douteux. Aux primes lueurs de l'aube, il serait facile de s'en assurer, en longeant la base de la chaîne sur une étendue de quelques milles.

Mais voici que – vers trois heures du matin –, autre alerte, des flammes se dressèrent au-dessus de la bordure rocheuse. Reflétées par les nuages, elles illuminaient l'atmosphère sur un large espace. En même temps, des crépitements se faisaient entendre.

Était-ce un incendie qui s'était spontanément déclaré à cette place, et à quelle cause eût-il été dû ?... Le feu du ciel ne pouvait l'avoir allumé... Aucun éclat de foudre ne troublait les airs... Il est vrai, les aliments ne lui eussent pas manqué. À cette hauteur, la chaîne des Alleghanys est encore boisée, aussi bien sur le Cumberland que sur les Montagnes-Bleues. Nombre d'arbres y poussent, cyprès, lataniers et autres essences à feuillage persistant.

« L'éruption !... l'éruption !... »

Ces cris retentirent de tous côtés. Une éruption !... Le Great-Eyry n'était donc que le cratère d'un volcan creusé dans les entrailles de la chaîne ! Éteint depuis tant d'années, tant de siècles même, venait-il donc de se rallumer ?... Aux flammes, une pluie de pierres embrasées, une averse de déjections éruptives allaient-elles se joindre ?... Est-ce que les laves ne tarderaient pas à descendre, avalanche ou torrent de feu, qui brûlerait tout sur son passage, anéantirait les bourgades, les villages, les fermes, en un mot cette vaste contrée, ses plaines, ses champs, ses forêts, jusqu'au-delà de Pleasant-Garden ou de Morganton ?...

Cette fois, la panique se déclara, et rien n'eût pu l'arrêter. Les femmes, entraînant leurs enfants, folles de terreur, se jetèrent sur les routes de l'est, pour s'éloigner au plus vite du théâtre de ces troubles telluriques. Nombre d'hommes, vidant leurs maisons, faisaient des paquets de ce qu'ils avaient de plus précieux, mettaient en liberté les animaux domestiques, chevaux, bestiaux, moutons, qui s'effaraient en toutes directions. Quel désordre devait résulter de cette agglomération humaine et animale, au milieu d'une nuit obscure, à travers ces forêts exposées aux feux du volcan, le long de ces marais dont les eaux risquaient de déborder !... Et la terre même ne menaçait-elle pas de manquer sous le pied des fuyards ?... Auraient-ils le temps de se sauver si un mascaret de laves incandescentes, se déroulant à la surface du sol, leur coupait la route et rendait toute fuite impossible ?...

Toutefois, quelques-uns, parmi les principaux propriétaires de fermes, plus réfléchis, ne s'étaient point mêlés à cette foule épouvantée que leurs efforts n'avaient pu retenir.

Partis en observation jusqu'à un mille de la chaîne, ils se rendirent compte que l'éclat des flammes diminuait, et peut-être celles-ci finiraient-elles par s'éteindre. Au vrai, il ne paraissait pas que la région fût menacée d'une éruption. Aucune pierre n'était lancée dans l'espace, aucun torrent de lave ne dévalait des talus de la montagne, aucune rumeur ne courait à travers les entrailles du sol... Nulle manifestation de ces troubles sismiques qui peuvent en un instant, bouleverser tout un pays.

Cette observation fut donc faite, et justement faite : c'est que l'intensité du feu devait décroître à l'intérieur du Great-Eyry. La réverbération des nuages s'affaiblissait peu à peu, la campagne serait bientôt plongée jusqu'au matin dans une profonde obscurité.

Cependant la cohue des fuyards s'était arrêtée à une distance qui la mettait à l'abri de tout danger. Puis, ils se rapprochèrent, et quelques villages, quelques fermes furent réintégrés avant les premières lueurs du matin.

Vers quatre heures, c'est à peine si les bords du Great-Eyry se teignaient de vagues reflets. L'incendie prenait fin, faute d'aliment sans doute, et, bien qu'il fût encore impossible d'en déterminer la cause, on put espérer qu'il ne se rallumerait pas.

En tout cas, ce qui parut probable, c'est que le Great-Eyry n'avait point été le théâtre de phénomènes volcaniques. Il ne semblait donc pas que, dans son voisinage, les habitants fussent à la merci soit d'une éruption, soit d'un tremblement de terre.

Mais voici que, vers cinq heures du matin, au-dessus des crêtes de la montagne, encore noyées de l'ombre nocturne, un bruit étrange se fit entendre à travers l'atmosphère, une sorte de halètement régulier, accompagné d'un puissant battement d'ailes. Et, s'il eût fait jour, peut-être les gens des fermes et des villages eussent-ils vu passer un gigantesque oiseau de proie, quelque monstre aérien, qui, après s'être enlevé du Great-Eyry, fuyait dans la direction de l'est !

II

À Morganton

Le 27 avril, parti la veille de Washington, j'arrivai à Raleigh, chef-lieu de l'État de la Caroline du Nord.

Deux jours avant, le directeur général de la police m'avait demandé à son cabinet. Mon chef m'attendait non sans quelque impatience. Voici l'entretien que j'eus avec lui, et qui motiva mon départ :

« John Strock, débuta-t-il, êtes-vous toujours l'agent sagace et dévoué qui, en mainte occasion, nous a donné des preuves de dévouement et de sagacité ?...

— Monsieur Ward, répondis-je en m'inclinant, ce ne serait pas à moi d'affirmer si je n'ai rien perdu de ma sagacité... Mais, quant à mon dévouement, je puis déclarer qu'il vous reste tout entier...

— Je n'en doute pas, reprit M. Ward, et je vous pose seulement cette question plus précise : Êtes-vous toujours l'homme si curieux, si avide de pénétrer un mystère, que j'ai connu jusqu'ici ?...

— Toujours, monsieur Ward.

— Et cet instinct de curiosité ne s'est point affaibli en vous par le constant usage que vous en avez fait ?...

— En aucune façon !

— Eh bien, Strock, écoutez-moi. »

M. Ward, alors âgé de cinquante ans, dans toute la force de l'intelligence, était très entendu aux importantes fonctions qu'il remplissait. Il m'avait plusieurs fois chargé de missions difficiles dont je m'étais tiré avec avantage, même dans un intérêt politique, et qui me valurent son approbation. Or, depuis quelques mois, aucune occasion de reprendre mon service ne s'était présentée, et cette oisiveté ne laissait pas de m'être pénible. J'attendais donc, non sans impatience, la communication qu'allait me faire M. Ward. Je ne doutais pas qu'il ne s'agît de me remettre en campagne pour quelque sérieux motif.

Or, voici de quelle affaire m'entretint le chef de la police, – affaire qui préoccupait actuellement l'opinion publique, non seulement dans la Caroline du Nord et dans les États voisins, mais aussi dans toute l'Amérique.

« Vous n'êtes pas, me dit-il, sans avoir connaissance de ce qui se passe en une certaine partie des Appalaches, aux environs de la bourgade de Morganton ?...

– En effet, monsieur Ward, et, à mon avis, ces phénomènes au moins singuliers sont bien faits pour piquer la curiosité, ne fût-on pas aussi curieux que je le suis.

– Que ce soit singulier, étrange même, Strock, aucun doute à ce sujet. Mais il y a lieu de se demander si lesdits phénomènes observés au Great-Eyry ne constituent pas un danger pour les habitants de ce district, s'ils ne sont pas les signes avant-coureurs de quelque éruption volcanique ou de quelque tremblement de terre...

– C'est à craindre, monsieur Ward...

– Il y aurait donc intérêt, Strock, à savoir ce qu'il en est. Si nous sommes désarmés en présence d'une éventualité d'ordre naturel, il conviendrait pourtant que les intéressés fussent prévenus à temps du danger qui les menace.

– C'est le devoir des autorités, monsieur Ward, répondis-je. Il faudrait se rendre compte de ce qui se passe là-haut...

– Juste, Strock, mais, paraît-il, cela présente de graves difficultés. On répète volontiers dans le pays qu'il est impossible de franchir les roches du Great-Eyry, d'en visiter l'intérieur... Or, a-t-on jamais essayé de le faire et dans de bonnes conditions de réussite ?... Je ne le crois pas, et, à mon avis, une tentative sérieusement effectuée ne pourrait donner que de bons résultats.

– Rien n'est impossible, monsieur Ward, et il n'y a là, sans doute, qu'une question de dépense...

– Dépense justifiée, Strock, et il n'y faut pas regarder lorsqu'il s'agit de rassurer toute une population ou de la prévenir pour éviter une catastrophe... D'ailleurs, est-il bien sûr que l'enceinte du Great-Eyry soit aussi infranchissable qu'on le prétend ?... Et qui sait si une bande de malfaiteurs n'y a pas établi son repaire auquel on accède par des chemins connus d'elle seule ?...

– Quoi !... monsieur Ward, vous auriez ce soupçon que des malfaiteurs...

– Il se peut, Strock, que je me trompe, et que tout ce qui se passe là soit dû à des causes naturelles... Eh bien, c'est ce que nous voulons déterminer, et dans le plus bref délai.

– Puis-je me permettre une question, monsieur Ward ?...

– Allez, Strock.

– Lorsqu'on aura visité le Great-Eyry, lorsque nous connaîtrons l'origine de ces phénomènes, s'il existe là un cratère, si une éruption est prochaine, pourrons-nous l'empêcher ?...

– Non, Strock, mais les habitants du district auront été avertis... On saura à quoi s'en tenir dans les villages, et les fermes ne seront pas surprises. Qui sait si quelque volcan des Alleghanys n'expose pas la Caroline du Nord aux mêmes désastres que la Martinique sous les feux de la montagne Pelée ?... Il faut au moins que toute cette population puisse se mettre à l'abri...

– J'aime à croire, monsieur Ward, que le district n'est pas menacé d'un pareil danger...

– Je le souhaite, Strock, et il paraît d'ailleurs improbable qu'un volcan existe dans cette partie des Montagnes-Bleues. La chaîne des Appalaches n'est point de nature volcanique... Et, cependant, d'après les rapports qui nous ont été communiqués, on a vu des flammes s'échapper du Great-Eyry... On a cru sentir, sinon des tremblements, du moins des frémissements à travers le sol jusqu'aux environs de Pleasant-Garden... Ces faits sont-ils réels ou imaginaires ?... Il convient d'être fixé à cet égard...

– Rien de plus prudent, monsieur Ward, et il ne faudrait pas attendre...

– Aussi, Strock, avons-nous décidé de procéder à une enquête sur les phénomènes du Great-Eyry. On va se rendre au plus tôt dans le pays afin d'y recueillir tous les renseignements, interroger les habitants des bourgades et des fermes... Nous avons fait choix d'un agent qui nous donne toute garantie, et cet agent, c'est vous, Strock...

– Ah ! volontiers, monsieur Ward, m'écriai-je, et soyez sûr que je ne négligerai rien pour vous procurer toute satisfaction...

– Je le sais, Strock, et j'ajoute que c'est une mission qui doit vous convenir...

– Entre toutes, monsieur Ward.

– Vous aurez là une belle occasion d'exercer et, j'espère, de satisfaire cette passion spéciale qui fait le fond de votre tempérament...

– Comme vous dites.

– D'ailleurs, vous serez libre d'opérer suivant les circonstances. Quant aux dépenses, s'il y a lieu d'organiser une ascension qui peut être coûteuse, vous aurez carte blanche...

– Je ferai pour le mieux, monsieur Ward, et vous pourrez compter sur moi...

– Maintenant, Strock, recommandation d'agir avec toute la discrétion possible, lorsque vous recueillerez des renseignements dans le pays... Les esprits y sont encore très surexcités... Il y aura bien des réserves à faire sur ce qui vous sera raconté, et, dans tous les cas, évitez d'y déterminer une nouvelle panique...

– C'est entendu...

– Vous serez accrédité près du maire de Morganton, qui manœuvrera de concert avec vous... Encore une fois, soyez prudent, Strock, et n'associez à votre enquête que les personnes dont vous aurez absolument besoin. Vous nous avez souvent montré des preuves de votre intelligence et de votre adresse, et, cette fois, nous comptons bien que vous réussirez...

– Si je ne réussis pas, monsieur Ward, c'est que je me heurterai à des impossibilités absolues, car enfin il est possible qu'on ne puisse forcer l'entrée du Great-Eyry, et, dans ce cas...

– Dans ce cas, nous verrions ce qu'il y aurait à faire. Je le répète, nous savons que, par métier, par instinct, vous êtes le plus curieux des hommes, et c'est là une superbe occasion de satisfaire votre curiosité. »

M. Ward disait vrai.

Je lui demandai alors :

« Quand dois-je partir ?...

– Dès demain.

– Demain, j'aurai quitté Washington, et après-demain je serai à Morganton.

– Vous me tiendrez au courant par lettre ou télégramme...

– Je n'y manquerai pas, monsieur Ward... En prenant congé de vous, je vous renouvelle mes remerciements de m'avoir choisi pour diriger cette enquête dans l'affaire du Great-Eyry. »

Et comment aurais-je pu soupçonner ce que me réservait l'avenir !

Je rentrai immédiatement à la maison, où je fis mes préparatifs de départ, et le lendemain, dès l'aube, le rapide m'emportait vers la capitale de la Caroline du Nord.

Arrivé le soir même à Raleigh, j'y passai la nuit, et, le lendemain, dans l'après-midi, le railroad qui dessert la partie occidentale de l'État me déposait à Morganton.

Morganton n'est à proprement parler qu'une bourgade. Bâtie en pleins terrains jurassiques particulièrement riches en houille, l'exploitation des mines s'y effectue avec une certaine activité. D'abondantes eaux minérales y sourdent et, pendant la belle saison, attirent dans le district une foule de consommateurs. Autour de Morganton, le rendement agricole est considérable et les cultivateurs y exploitent avec succès les champs de céréales entre les multiples marais encombrés de sphaignes et de roseaux.

Nombreuses sont les forêts d'arbres à verdure persistante. Ce qui manque à cette région, c'est le gaz naturel, cette inépuisable source de force, de lumière et de chaleur, si abondante dans la plupart des vallées des Alleghanys.

Il résulte de la composition du sol et de ses produits que la population est importante dans la campagne. Villages et fermes y foisonnent jusqu'au pied de la chaîne des Appalaches, ici, agglomérés entre les forêts, là, isolés sur les premières ramifications.

On y compte plusieurs milliers d'habitants, très menacés si le Great-Eyry était un cratère de volcan, si une éruption couvrait la contrée de scories et de cendres, si des torrents de lave envahissaient la campagne, si les convulsions d'un tremblement de terre s'étendaient jusqu'au seuil de Pleasant-Garden et de Morganton.

Le maire de Morganton, M. Elias Smith, était un homme de haute stature, vigoureux, hardi, entreprenant, quarante ans au plus, d'une santé à défier tous les médecins des deux Amériques, fait aux froidures de l'hiver comme aux chaleurs de l'été, qui sont parfois excessives dans la Caroline du Nord. Grand chasseur s'il en fut, et non seulement de ce gibier de poil ou de plume qui pullule sur les plaines voisines des Appalaches, mais grand attaqueur d'ours et de panthères, qu'il n'est pas plus rare de rencontrer à travers les épaisses cyprières qu'au fond des sauvages gorges de la double chaîne des Alleghanys.

Elias Smith, riche propriétaire terrien, possédait plusieurs fermes aux environs de Morganton. Il en faisait valoir personnellement quelques-unes. Ses fermiers recevaient fréquemment sa visite, et, en somme, tout le temps qu'il ne résidait pas dans son *home* de la bourgade, il le passait en excursions et en chasses, irrésistiblement entraîné par ses instincts cynégétiques.

Dans l'après-midi je me fis conduire à la maison d'Elias Smith. Il s'y trouvait ce jour-là, ayant été prévenu par télégramme. Je lui remis la lettre d'introduction de M. Ward qui m'accréditait près de lui, et notre connaissance fut bientôt faite.

Le maire de Morganton m'avait reçu très rondement, sans façon, la pipe à la bouche, le verre de brandy sur la table. Un second verre fut aussitôt apporté par la servante, et je dus faire raison à mon hôte avant de commencer l'entretien.

« C'est M. Ward qui vous envoie, me dit-il d'un ton de bonne humeur, eh bien, buvons d'abord à la santé de M. Ward ! »

Il fallut choquer les verres et les vider en l'honneur du directeur général de la police...

« Et maintenant, de quoi s'agit-il ?... » me demanda Elias Smith...

Je fis alors connaître au maire de Morganton le motif et le but de ma mission dans ce district de la Caroline du Nord. Je lui rappelai les faits ou plutôt les phénomènes dont la région venait d'être le théâtre. Je lui marquai – et il en convint – à quel point il importait que les habitants de cette région fussent rassurés ou tout au moins mis sur leurs gardes. Je lui déclarai que les autorités se préoccupaient à bon droit de cet état de choses et voulaient y porter remède si cela était en leur puissance. Enfin, j'ajoutai que mon chef m'avait donné pleins pouvoirs à l'effet de mener rapidement et efficacement une enquête relative au Great-Eyry. Je ne devais reculer devant aucune difficulté, ni devant aucune dépense, étant bien entendu que

‗nistère prenait tous les frais de ma mission à sa charge.

Elias Smith m'avait écouté sans prononcer une parole, mais non sans avoir plusieurs fois rempli son verre et le mien. Au milieu des bouffées de sa pipe, l'attention qu'il me prêtait ne me laissait aucun doute. Je voyais son teint s'animer par instants, ses yeux briller sous leurs épais sourcils. Évidemment, le premier magistrat de Morganton était inquiet de ce qui se passait au Great-Eyry et il ne devait pas être moins impatient que moi de découvrir la cause de ces phénomènes.

Dès que j'eus achevé ma communication, Elias Smith, me regardant en face, resta quelques instants silencieux.

« Enfin, me dit-il, là-bas à Washington, on voudrait bien savoir ce que le Great-Eyry a dans le ventre ?

– Oui, monsieur Smith...

– Et vous aussi ?...

– En effet !...

– Moi de même, monsieur Strock ! »

Et, pour peu que le maire de Morganton fût un curieux de mon espèce, cela ferait bien la paire !

« Vous le comprenez, ajouta-t-il, en secouant les cendres de sa pipe, en ma qualité de propriétaire, les histoires du Great-Eyry m'intéressent, et, en ma qualité de maire, j'ai à me préoccuper de la situation de mes administrés...

– Double raison, répondis-je, et qui a dû, monsieur Smith, vous inciter à rechercher la cause des phénomènes qui pourraient bouleverser toute la région !... Et, sans doute, ils vous auront paru inexplicables, non moins qu'inquiétants pour la population du district...

– Inexplicables, surtout, monsieur Strock, car, pour mon compte, je ne crois guère que ce Great-Eyry soit un cratère, puisque la chaîne des Alleghanys n'est en aucun point volcanique. Nulle part, ni dans les gorges des Cumberland, ni dans les vallées des Montagnes-Bleues, ne se trouvent traces de cendres, de scories, de laves et autres matières éruptives. Je ne pense donc pas que le district de Morganton puisse être menacé de ce chef...

– C'est bien votre idée, monsieur Smith ?...

– Assurément.

– Cependant ces secousses qui ont été ressenties dans le voisinage de la chaîne ?...

– Oui... ces secousses... ces secousses !... répétait M. Smith en hochant la tête. Et, d'abord, est-il certain qu'il y ait eu des secousses ?... Précisément, lors de la grande apparition des flammes, je me trouvais à ma ferme de Wildon, à moins d'un mille du Great-Eyry, et, si un certain tumulte se produisait dans les airs, je n'ai constaté de secousses ni à la surface ni à l'intérieur du sol...

– Cependant, d'après les rapports envoyés à M. Ward...

– Des rapports rédigés sous l'impression de la panique ! déclara le maire de Morganton. En tout cas, je n'en ai point parlé dans le mien...

– C'est à retenir... Quant aux flammes qui dépassaient les dernières roches...

– Oh ! les flammes, monsieur Strock, c'est autre chose !... Je les ai vues... vues de mes propres yeux, et les nuages en réverbéraient les lueurs à grande distance. D'autre part, des bruits se faisaient entendre à la crête du Great-Eyry... des sifflements, tels ceux d'une chaudière que l'on vide de sa vapeur...

– Voilà ce dont vous avez été témoin ?...

– Oui... et j'en avais les oreilles assourdies !

– Puis, au milieu de ce tumulte, monsieur Smith, est-ce que vous ne croyez pas avoir surpris de grands battements d'ailes ?...

– En effet, monsieur Strock. Or, pour produire ces battements, quel est donc l'oiseau gigantesque qui aurait traversé les airs, après l'extinction des dernières flammes ?... Et de quelles ailes eût-il été pourvu ?... J'en suis donc à me demander si ce n'est point une erreur de mon imagination !... Great-Eyry, une aire habitée par des monstres aériens !... Est-ce qu'on ne les aurait pas depuis longtemps aperçus, planant au-dessus de leur immense nid de roches ?... En vérité, il y a dans tout ceci un mystère qui n'a pas été éclairci jusqu'ici...

– Mais que nous éclaircirons, monsieur Smith, si vous voulez bien me prêter assistance...

– Certes, monsieur Strock, et d'autant plus volontiers qu'il importe de rassurer la population du district...

– Alors, dès demain, nous nous mettrons en campagne...

– Dès demain ! »

Et, sur ce mot, M. Smith et moi, nous nous sommes séparés.

Je rentrai à l'hôtel, où mes dispositions furent prises en vue d'un séjour qui pouvait se prolonger suivant les nécessités de l'enquête.

Je ne négligeai point d'écrire à M. Ward. Je lui marquais mon arrivée à Morganton, je lui faisais connaître les résultats de ma première entrevue avec le maire de la bourgade et notre résolution de tout faire pour conduire cette affaire à bon terme dans le plus bref délai. Je m'engageais, d'ailleurs, à l'informer de toutes nos tentatives, soit par lettre, soit par télégramme, afin qu'il sût toujours à quoi s'en tenir sur l'état des esprits dans cette partie de la Caroline.

Une seconde entrevue nous réunit, M. Smith et moi, l'après-midi, et il fut décidé de partir aux lueurs naissantes du jour.

Et voici à quel projet nous donnâmes la préférence :

L'ascension de la montagne serait entreprise sous la direction de deux guides très habitués aux excursions de ce genre. À plusieurs reprises, ils avaient gravi les plus hauts pics des Montagnes-Bleues. Toutefois, ils ne s'étaient jamais attaqués au Great-Eyry, sachant bien qu'un cadre d'infranchissables roches en défendait l'abord, et, d'ailleurs, avant la production des derniers phénomènes, ce Great-Eyry ne provoquait point la curiosité des touristes. Du reste, nous pouvions compter sur ces deux guides, que M. Smith connaissait personnellement, des hommes intrépides, adroits, dévoués. Ils ne reculeraient pas devant les obstacles et nous étions résolus à les suivre.

Au surplus, ainsi que le faisait remarquer M. Smith, peut-être n'était-il plus impossible de pénétrer maintenant à l'intérieur du Great-Eyry.

« Et pour quelle raison ?... demandai-je.

– Parce qu'un bloc s'est détaché de la montagne, il y a quelques semaines, et peut-être a-t-il laissé une issue praticable...

– Ce serait une heureuse circonstance, monsieur Smith...

– Nous le saurons, monsieur Strock, et pas plus tard que demain...

– À demain donc ! »

III

Great-Eyry

Le lendemain, dès l'aube, Elias Smith et moi, nous quittions Morganton par la route qui, en longeant la rive gauche de la Sarawba-river, conduit à la bourgade de Pleasant-Garden.

Les guides nous accompagnaient, – Harry Horn, âgé de trente ans, James Bruck, âgé de vingt-cinq ans, tous deux habitants de la bourgade, au service des touristes qui désiraient visiter les principaux sites des Montagnes-Bleues et du Cumberland, formant la double chaîne des Alleghanys. Intrépides ascensionnistes, vigoureux de bras et de jambes, adroits et expérimentés, ils connaissaient bien cette partie du district jusqu'au pied de la chaîne.

Une voiture attelée de deux bons chevaux devait nous transporter jusqu'à la limite occidentale de l'État. Elle ne contenait des vivres que pour deux ou trois jours, notre campagne ne devant sans doute pas se prolonger au-delà de ce délai. Il n'y avait eu qu'à s'en remettre à M. Smith pour le choix des victuailles, conserves de bœuf en daube, tranches de jambon, un gigot de chevreuil cuit à point, un tonnelet de bière, plusieurs fioles de whisky et de brandevin, du pain en quantité suffisante. Quant à l'eau fraîche, les sources de la montagne la fourniraient en abondance, alimentées par les pluies torrentielles qui ne sont point rares à cette époque de l'année.

Inutile d'ajouter que le maire de Morganton, en sa qualité de déterminé chasseur, avait emporté son fusil et emmené son chien Nisko, qui courait et gambadait près de la voiture. Nisko lui rabattrait le gibier, lorsque nous serions sous bois ou en plaine ; mais il devrait rester avec le conducteur, dans la ferme de Wildon, tout le temps que durerait notre ascension. Il n'aurait pu nous suivre au Great-Eyry, en raison des crevasses à franchir et des roches à escalader.

Le ciel était assez beau, l'air frais encore en cette fin d'avril parfois rude sous le climat américain.

Des nuages filaient rapidement sous l'action d'une brise variable qui venait des larges espaces de l'Atlantique, et entre eux se glissaient des percées de soleil dont s'illuminait toute la campagne.

La première journée permit de gagner Pleasant-Garden, où nous passerions la nuit chez le maire de la bourgade, un ami particulier de M. Smith. J'avais pu observer curieusement cette région où les champs succèdent aux marais, et les marais aux cyprières. La route, convenablement entretenue, les traverse ou les côtoie sans s'allonger de multiples détours. Dans les parties un peu marécageuses, les cyprès sont superbes avec leur tige élancée et droite, légèrement renflée à la base, leur pied bossué de petits cônes, sortes de genoux dont on fait des ruches dans le pays. La brise, sifflant à travers leur feuillage vert pâle, balançait les longues fibres grises, ces « barbes espagnoles », qui, des basses branches de la ramure, tombaient jusqu'au sol.

Tout un monde animait ces forêts du district. Il fuyait devant notre attelage, souris, campagnols, perroquets aux couleurs éclatantes et d'une assourdissante loquacité, sarigues qui détalaient par bonds rapides, emportant les petits dans leur poche ventrière ; puis, par myriades, se dispersaient les oiseaux entre le feuillage des banians, lataniers, orangers, dont le bourgeon ne tarderait pas à s'ouvrir aux premiers souffles du printemps, massifs de rhododendrons tellement épais, parfois, qu'un piéton ne saurait les traverser.

Arrivés le soir à Pleasant-Garden, nous y fûmes convenablement installés pour la nuit. La journée suivante suffirait à gagner la ferme de Wildon, au bas de la chaîne.

Pleasant-Garden est une bourgade de moyenne importance. Bon accueil et généreuse réception nous furent faits par le maire. On soupa gaiement dans la salle de la jolie habitation qu'il occupait sous l'abri de grands hêtres. Naturellement, la conversation porta sur la tentative que nous allions faire pour reconnaître les dispositions intérieures du Great-Eyry.

« Vous avez raison, nous déclara notre hôte. Tant qu'on ne saura pas ce qui se passe ou se cache là-haut, nos campagnards ne seront point rassurés...

– Mais, demandai-je, aucun fait nouveau ne s'est produit depuis la dernière apparition des flammes au-dessus de Great-Eyry ?...

– Aucun, monsieur Strock. De Pleasant-Garden, on peut facilement observer l'arête supérieure de la montagne jusqu'au Black-Dome, qui la domine... Pas un bruit suspect ne nous est parvenu, pas une lueur ne s'est montrée... Et si c'est une légion de diables qui s'est nichée là, il semble bien qu'ils aient achevé leur cuisine infernale et soient partis pour quelque autre repaire des Alleghanys !...

– Des diables ! s'écria M. Smith. Eh bien, j'aime à croire qu'ils n'auront pas déguerpi sans laisser quelques traces de leur passage, bouts de queue ou bouts de cornes !... Nous verrons bien ! »

Le lendemain 29, au jour naissant, l'attelage nous attendait. M. Smith reprit sa place, je repris la mienne. Les chevaux se mirent à rapide allure sous le fouet du conducteur. Au terme de cette seconde journée de voyage, depuis le départ de Morganton, nous ferions halte à la ferme de Wildon, entre les premières ramifications des Montagnes-Bleues.

La contrée ne présentait aucune modification. Invariablement, les bois et les marais qui alternaient, ces derniers plus espacés, cependant, étant donné l'exhaussement progressif du sol aux approches de la chaîne. Le pays était aussi moins peuplé. À peine de rares villages, perdus sous la puissante ramure des hêtres, des fermes isolées, qu'arrosaient abondamment les rios descendus des ravins, affluents nombreux de la rivière de Sarawba.

Faune et flore, les mêmes que la veille, et, en somme, assez de gibier pour qu'un chasseur pût faire bonne chasse.

« Je serais vraiment tenté de prendre mon fusil et de siffler Nisko ! disait M. Smith. C'est bien la première fois que je passe ici sans éparpiller mon plomb sur les perdrix et les lièvres !... Ces bonnes bêtes ne me reconnaîtront plus !... Mais, à moins que nos provisions ne viennent à s'épuiser, nous avons autre chose en tête aujourd'hui... la chasse aux mystères...

– Et, ajoutai-je, puissions-nous, monsieur Smith, ne pas revenir bredouilles ! »

Pendant la matinée, il fallut traverser une interminable plaine, où les cyprès et les lataniers ne poussaient que par groupes ou bouquets. À perte de vue s'étendait une agglomération de petites huttes en terre, capricieusement établies, dans lesquelles fourmillait tout un monde de petits rongeurs. Là vivaient en troupe des milliers d'écureuils, de cette espèce plus particulièrement connue en Amérique sous l'appellation vulgaire de « chiens des prairies ». Si ce nom leur a été donné, ce n'est point que ces animaux ressemblent en quoi que ce soit à n'importe quel type de la race canine. Non, c'est pour la raison qu'ils font entendre comme un jappement de roquet. Et, en vérité, tandis que nous filions au grand trot, c'était à se boucher les oreilles !

Il n'est pas rare de rencontrer aux États-Unis de telles populeuses cités de quadrupèdes. Entre autres les naturalistes citent celle de Dog-Ville, la bien nommée, qui compte plus d'un million d'habitants à quatre pattes.

Ces écureuils, qui vivent de racines, d'herbes et aussi de sauterelles, dont ils se montrent très friands, sont d'ailleurs inoffensifs, mais hurleurs à rendre sourd.

Le temps s'est maintenu beau, avec une brise un peu fraîche. En réalité, il ne faut pas croire que, sous cette latitude du 35e degré, le climat soit relativement chaud dans les États des deux Carolines. La rigueur des hivers y est souvent excessive. Nombre d'orangers périssent par le froid, et le lit de la Sarawba est parfois encombré de glaçons.

Dès l'après-midi, la chaîne des Montagnes-Bleues, à la distance de six milles seulement, apparut sur un large périmètre. Son arête se dessinait nettement sur un fond de ciel assez clair que sillonnaient de légers nuages. Très boisée à sa base, où s'enchevêtrait la ramure des conifères ; quelques arbres se dessinaient aussi en avant des roches noirâtres d'aspect bizarre. Çà et là se dressaient divers pics aux formes étranges, que, sur la droite, le Black-Dome[1] dépassait de sa tête gigantesque, par instants tout étincelante de rayons solaires.

« Est-ce que vous avez fait l'ascension de ce dôme, monsieur Smith ?... demandai-je.

– Non, me répondit-il, mais on assure qu'elle est assez difficile. Du reste, quelques touristes sont montés jusqu'à son sommet, et, de sa pointe, d'après ce qu'ils ont rapporté, le regard ne peut rien voir à l'intérieur du Great-Eyry.

– C'est la vérité, déclara le guide Harry Horn, et je l'ai constaté par moi-même.

– Peut-être, observai-je, le temps n'était-il pas favorable...

– Très pur, au contraire, monsieur Strock, mais les bords du Great-Eyry sont trop élevés et arrêtent la vue.

– Allons ! s'écria Smith, je ne serai pas fâché de mettre enfin le pied où personne ne l'a pu mettre encore ! »

En tout cas, ce jour-là, le Great-Eyry paraissait tranquille, et il ne s'en échappait ni vapeurs ni flammes.

Vers cinq heures, notre attelage fit halte à la ferme de Wildon, dont les gens vinrent au-devant de leur maître.

C'était là que nous devions passer cette dernière nuit.

Aussitôt les chevaux furent dételés et conduits à l'écurie, où ils trouveraient du fourrage en abondance, et la voiture s'abrita dans la remise. Le conducteur attendrait notre retour. D'ailleurs, M. Smith ne

---

[1] 2044 mètres d'altitude.

doutait pas que la mission se serait accomplie à la satisfaction générale, lorsque nous rentrerions à Morganton.

Quant au fermier de Wildon, il nous assura que rien d'extraordinaire ne s'était passé au Great-Eyry depuis quelque temps.

On soupa à la table commune avec le personnel de la ferme, et notre sommeil ne fut aucunement troublé pendant la nuit.

Le lendemain, dès l'aube, allait commencer l'ascension de la montagne. La hauteur du Great-Eyry ne dépasse pas dix-huit cents pieds – altitude modeste – en somme, la moyenne de cette chaîne des Alleghanys. Nous pouvions donc compter que la fatigue ne serait pas grande. Quelques heures devaient suffire à atteindre l'arête supérieure du massif. Il est vrai, peut-être se présenterait-il des difficultés de route, précipices à franchir, obstacles à tourner au prix d'un cheminement périlleux ou pénible. Cela, c'était l'inconnu, l'aléa de notre tentative. On le sait, nos guides n'avaient pu nous renseigner à cet égard. Ce qui m'inquiétait, c'est que, dans le pays, l'enceinte du Great-Eyry passait pour être infranchissable. En somme, le fait n'avait jamais été constaté, et il y avait toujours cette chance que la chute du bloc eût laissé une brèche dans l'épaisseur du cadre rocheux.

« Enfin, me dit M. Smith, après avoir allumé la première pipe des vingt qu'il fumait par jour, nous allons partir et du bon pied. Quant à la question de savoir si cette ascension demandera plus ou moins de temps...

– Dans tous les cas, monsieur Smith, demandai-je, nous sommes bien résolus à mener notre enquête jusqu'au bout ?

– Résolus ! monsieur Strock.

– Mon chef m'a chargé d'arracher ses secrets à ce diable de Great-Eyry...

– Nous les lui arracherons, de gré ou de force, répliqua M. Smith en prenant le ciel à témoin de sa déclaration, et quand nous devrions les aller chercher jusque dans les entrailles de la montagne.

– Comme il se peut que notre excursion se prolonge au-delà de cette journée, ajoutai-je, il est prudent de se munir de vivres...

– Soyez sans inquiétude, monsieur Strock, nos guides ont pour deux jours de provisions dans leur carnier et nous ne partons point les poches vides... D'ailleurs, si je laisse le brave Nisko à la ferme, j'emporte mon fusil. Le gibier ne doit pas manquer dans la zone boisée et au fond des gorges des premières ramifications... Nous battrons le briquet pour faire cuire notre chasse, à moins qu'il ne se trouve là-haut un feu tout allumé...

– Tout allumé... monsieur Smith ?

– Et pourquoi non, monsieur Strock ?... Ces flammes, ces superbes flammes qui ont tant effrayé nos campagnards !... Sait-on si leur foyer est absolument refroidi, si quelque feu ne couve pas sous la cendre ?... Et puis, s'il y a un cratère intérieur, c'est qu'il y a un volcan, et un volcan est-

il toujours si bien éteint qu'on n'y trouve plus un bout de braise ?...
Franchement, ce serait un triste volcan qui n'aurait plus assez de feu pour
durcir un œuf ou griller une pomme de terre !... Enfin, je le répète, nous
verrons... nous verrons ! »

Là-dessus, en ce qui me concerne, j'avouerai n'avoir aucune opinion
faite. J'avais reçu l'ordre d'aller reconnaître ce qu'était ce Great-Eyry !...
S'il n'offrait aucun danger, eh bien, on le saurait et on serait rassuré. Mais,
au fond, et ce sentiment n'est-il pas très naturel chez un homme possédé
du démon de la curiosité, j'eusse été heureux, pour ma satisfaction
personnelle et pour le retentissement qu'en retirerait ma mission, que le
Great-Eyry fût un centre de phénomènes dont je découvrirais la cause !

Voici en quel ordre allait s'effectuer notre ascension : les deux guides
en avant, chargés de choisir les passes praticables ; Elias Smith et moi
cheminant l'un près de l'autre ou l'un après l'autre suivant la largeur des
sentes.

Ce fut par une étroite gorge, d'inclinaison peu accusée, que Harry
Horn et James Bruck s'aventurèrent tout d'abord. Elle sinuait le long de
talus assez raides où s'entremêlaient, dans un inextricable fouillis, nombre
d'arbustes à baies conifères, à feuilles noirâtres, larges fougères,
groseilliers sauvages, à travers lesquels il eût été impossible de se frayer
un passage.

Tout un monde d'oiseaux animait ces masses forestières. Parmi les
plus bruyants, des perroquets, jacassant à plein bec, remplissaient l'air de
leurs cris aigus. C'est à peine si l'on entendait les écureuils filer entre les
buissons, bien qu'ils fussent là par centaines.

Le cours du torrent auquel cette gorge servait de lit sinuait
capricieusement en remontant les croupes de la chaîne. Durant la saison
des pluies ou à la suite de quelque gros orage, il devait rebondir, en
tumultueuses cascades. Mais, de fait, il ne pouvait être alimenté que par
les eaux du ciel, et, si nous n'en trouvions trace, cela indiquait bien qu'il
ne prenait pas source dans les hauteurs du Great-Eyry.

Après une demi-heure de cheminement, la montée devint si dure qu'il
fallait obliquer tantôt à droite, tantôt à gauche et s'allonger de multiples
détours. La gorge devenait véritablement impraticable, le pied n'y
rencontrait plus un point d'appui suffisant. Il eût été nécessaire de
s'accrocher aux touffes d'herbes, de ramper sur les genoux, et, dans ces
conditions, notre ascension ne se fût pas terminée avant le coucher du
soleil...

« Ma foi, s'écria M. Smith en reprenant haleine, je comprends que les
touristes du Great-Eyry aient été rares... si rares même qu'il n'y en a
jamais eu à ma connaissance !...

– Le fait est, répondis-je, que ce seraient bien des fatigues pour un
mince résultat !... Et si nous n'avions des raisons particulières de mener à

bonne fin notre tentative...

– Rien de plus vrai, déclara Harry Horn, et mon camarade et moi, qui sommes plusieurs fois montés au sommet du Black-Dome, nous n'avons jamais rencontré tant de difficultés !...

– Difficultés qui pourraient bien devenir des obstacles ! » ajouta James Bruck.

La question, maintenant, était de décider par quel côté nous chercherions une route oblique. À droite, à gauche se dressaient des massifs touffus d'arbres et d'arbustes. En somme, le vrai était de s'aventurer là où les pentes seraient moins accusées. Peut-être, à travers la partie boisée, après en avoir franchi la lisière, mes compagnons et moi pourrions-nous marcher d'un pied plus sûr. Dans tous les cas, on n'irait point en aveugles. Toutefois, il convenait de ne pas l'oublier, les versants orientaux des Montagnes-Bleues ne sont guère praticables sur toute l'étendue de la chaîne, sous l'inclinaison d'une cinquantaine de degrés.

Quoi qu'il en soit, le mieux était de s'en rapporter à l'instinct spécial de nos deux guides, particulièrement de James Bruck. Je crois que ce brave garçon en aurait remontré à un singe pour l'adresse, à un isard pour l'agilité. Par malheur, ni Elias Smith ni moi n'aurions pu nous hasarder là où se hasardait cet audacieux.

Cependant, en ce qui me concerne, j'espérais ne pas rester en arrière, étant grimpeur de ma nature, et très habitué aux exercices corporels. Partout où passerait James Bruck, j'étais résolu à passer aussi, dût-il m'en coûter quelques dégringolades. Mais il n'en était pas de même du premier magistrat de Morganton, moins jeune, moins vigoureux, plus grand, plus gros de taille, et de pas moins assuré. Visiblement, jusqu'alors, il avait fait tous ses efforts pour ne pas s'attarder. Parfois il soufflait comme un phoque, et, malgré lui, je l'obligeais à reprendre haleine.

Bref, il nous fut démontré que l'ascension du Great-Eyry exigerait plus de temps que nous ne l'avions estimé. Nous avions pensé avoir atteint le cadre rocheux avant onze heures, et, certainement, lorsque midi sonnerait, nous en serions encore à quelques centaines de pieds.

En effet, vers dix heures, après tentatives réitérées pour découvrir des routes praticables, après nombreux détours et retours, l'un des guides donna le signal de halte. Nous nous trouvions à la lisière supérieure de la partie boisée, et les arbres, plus espacés, permettaient aux regards de s'étendre jusqu'aux premières assises du Great-Eyry.

« Eh ! eh ! fit M. Smith, en s'accotant contre un gros latanier, un peu de répit, de repos, et même de repas, ne me serait pas désagréable !...

– Pendant une heure, répondis-je.

– Oui, et, après nos poumons et nos jambes, à notre estomac de travailler ! »

Nous fûmes tous d'accord à ce sujet. Il importait de reconstituer nos forces. Ce qui devait prêter à quelque inquiétude, c'était l'aspect que présentait alors le flanc de la montagne jusqu'au pied du Great-Eyry. Au-dessus de nous s'étendait une de ces parties dénudées qui sont désignées sous le terme de « blads » dans le pays. Entre ses roches abruptes ne se dessinait aucun sentier.

Cela ne laissait pas de préoccuper nos guides, et Harry Horn de dire à son camarade :

« Ce ne sera pas commode...

– Peut-être impossible » répondit James Bruck.

Cette réflexion me causa un véritable dépit. Si je redescendais sans même avoir pu gagner le Great-Eyry, ce serait le complet insuccès de ma mission, sans parler d'une curiosité que je n'aurais pu satisfaire !... Et, lorsque je me représenterais devant M. Ward, honteux et confus, je ferais triste mine !

On ouvrit les carniers, on se réconforta de viande froide et de pain. On puisa aux gourdes avec modération. Puis, ce repas achevé – il n'avait pas duré une demi-heure –, M. Smith se leva, prêt à se remettre en route.

James Bruck prit la tête et nous n'avions qu'à le suivre, en tâchant de ne point rester en arrière.

On avançait lentement. Nos guides ne cachaient point leur embarras, et Harry Horn alla en avant reconnaître quelle direction il convenait de prendre définitivement.

Son absence dura vingt minutes environ. Lorsqu'il fut de retour, il indiqua le nord-ouest et nous reprîmes la marche. C'est de ce côté que pointait le Black-Dome à une distance de trois ou quatre milles. On le sait, il eût été inutile d'en faire l'ascension, puisque, de sa cime, même avec une puissante lunette, l'œil ne pouvait rien apercevoir de l'intérieur du Great-Eyry.

La montée était fort pénible, lente, surtout le long de ces talus glissants, semés de quelques arbrisseaux et de grosses touffes végétales. Nous avions à peine gagné deux cents pieds en hauteur, lorsque notre guide de tête s'arrêta devant une profonde ornière qui creusait le sol en cet endroit. Çà et là s'éparpillaient des racines récemment rompues, des branches écrasées, des blocs réduits en poussière, comme si quelque avalanche avait roulé sur ce flanc de la montagne.

« C'est par là qu'aura dévalé l'énorme roche qui s'est détachée du Great-Eyry, observa James Bruck.

– Nul doute, répondit M. Smith, et le mieux sera, je pense, de suivre le passage qu'elle s'est frayé dans sa chute. »

C'est le chemin qui fut pris et qu'on eut raison de prendre. Le pied put s'appuyer sur les éraillures creusées par le bloc. L'ascension s'effectua alors dans des conditions plus faciles, presque en droite ligne, si bien que, vers onze heures et demie, nous étions à la bordure supérieure du blad.

Devant nous, à une centaine de pas seulement, mais à la hauteur d'une centaine de pieds, se dressaient des murailles qui formaient le périmètre du Great-Eyry.

De ce côté, le cadre se découpait très capricieusement ; des pointes, des aiguilles, entre autres un rocher dont l'étrange silhouette figurait un aigle énorme, prêt à s'envoler vers les hautes zones du ciel. Il semblait bien que, dans sa partie orientale du moins, cette enceinte serait infranchissable.

« Reposons-nous quelques instants, proposa M. Smith, puis nous verrons s'il est possible de contourner le Great-Eyry.

— En tout cas, fit observer Harry Horn, c'est de ce côté qu'a dû se détacher le bloc, et on n'aperçoit aucune brèche dans cette partie de l'enceinte... »

C'était la vérité, et nul doute que la chute ne se fût faite de ce côté.

Après un repos de dix minutes, les deux guides se relevèrent, et, par un raidillon assez glissant, nous atteignîmes le bord du plateau. Il n'y avait plus maintenant qu'à longer la base des roches, qui, à la hauteur d'une cinquantaine de pieds, surplombaient en s'évasant comme les bords d'une corbeille. Il en résultait que, même en disposant d'échelles suffisantes, il eût été impossible de s'élever jusqu'à l'arête supérieure de l'enceinte.

Décidément, le Great-Eyry prenait à mes yeux un aspect absolument fantastique. Il aurait été peuplé de dragons, de tarasques, de chimères et autres espèces de la tératologie mythologique, préposés à sa garde, que je n'en eusse pas été surpris !

Cependant nous continuions à faire le tour de cette circonvallation, où il semblait que la nature eût fait œuvre humaine, étant donné sa régularité. Et nulle part une interruption dans cette courtine, nulle part un entre-deux de roches par lequel on aurait essayé de se glisser. Partout cette crête, haute d'une centaine de pieds, qu'il était impossible de franchir.

Après avoir suivi le bord du plateau pendant une heure et demie, nous étions revenus à notre point de départ, là où s'était faite la dernière halte à la limite du blad.

Je ne pus cacher mon dépit de cette déconvenue, et il me sembla bien que M. Smith n'était pas moins dépité que moi.

« Mille diables, s'écria-t-il, nous ne saurons donc pas ce qu'il y a à l'intérieur de ce maudit Great-Eyry, et si c'est un cratère...

— Volcan ou non, observai-je, il ne s'y produit aucun bruit suspect, il ne s'en échappe ni fumée ni flammes, rien de ce qui annoncerait une éruption prochaine ! »

Et, en effet, silence profond à l'extérieur comme à l'intérieur. Pas une vapeur fuligineuse ne s'épanchait au-dehors. Aucune réverbération sur les nuages que la brise de l'est chassait au-dessus. Le sol était aussi tranquille que l'air. Ni rumeurs souterraines, ni secousses ne se faisaient sentir sous nos pieds. C'était le calme parfait des hautes altitudes.

Ce qu'il ne faut pas oublier de dire, c'est que la circonférence du Great-Eyry pouvait se chiffrer par douze ou quinze cents pieds, d'après le temps que nous avions employé à en faire le tour, et en tenant compte des difficultés du cheminement au bord de l'étroit plateau. Quant à la surface interne, comment l'évaluer, puisque nous ne savions pas quelle était l'épaisseur des roches qui l'entouraient ?

Il va sans dire que les environs étaient déserts, j'entends par là que nulle créature vivante ne se montrait, à l'exception de deux ou trois couples de grands oiseaux de proie qui planaient au-dessus de l'aire.

Nos montres marquaient trois heures alors, et M. Smith de dire d'un ton vexé :

« Quand nous resterions ici jusqu'au soir, nous n'en apprendrions pas davantage !... Il faut partir, monsieur Strock, si nous voulons être de retour à Pleasant-Garden avant la nuit. »

Et, comme je le laissais sans réponse, et ne quittais pas la place où j'étais assis, il ajouta, en venant près de moi :

« Eh bien, monsieur Strock, vous ne dites rien !... Est-ce que vous ne m'avez pas entendu ?... »

Au vrai, cela me coûtait d'abandonner la partie, de redescendre sans avoir accompli ma mission !... Et je sentais, avec l'impérieux besoin de persister, redoubler ma curiosité déçue.

Mais que faire ?... Était-il en mon pouvoir d'éventrer cette épaisse enceinte, d'escalader ces hautes roches ?...

Il fallut se résigner, et, après avoir jeté un dernier regard vers le Great-Eyry, je suivis mes compagnons, qui commençaient à dévaler les pentes du blad.

Le retour s'effectua sans grandes difficultés comme sans grandes fatigues. Avant cinq heures, nous dépassions les dernières rampes de la montagne, et le fermier de Wildon nous recevait dans la salle où attendaient rafraîchissements et aliments substantiels.

« Ainsi, vous n'avez pas pu pénétrer à l'intérieur ?... nous demanda-t-il.

– Non, répondit M. Smith, et je finirai par croire que le Great-Eyry n'existe que dans l'imagination de nos braves campagnards ! »

À huit heures et demie du soir, notre voiture s'arrêtait devant la maison du maire de Pleasant-Garden, où nous devions passer la nuit.

Et, pendant que je cherchais vainement à m'endormir, je me demandais s'il ne conviendrait pas de m'installer pour quelques jours dans la bourgade, d'organiser une nouvelle ascension. Mais aurait-elle plus que la première chance de réussir ?...

Le plus sage, en somme, était de revenir à Washington et de consulter M. Ward. Aussi, le lendemain soir, à Morganton, après avoir réglé mes deux guides, je pris congé de M. Smith et me rendis à la gare d'où le rapide pour Raleigh allait partir.

IV

Un concours de l'Automobile-Club

Le mystère du Great-Eyry devait-il être dévoilé un jour par suite d'éventualités difficiles à prévoir... C'était le secret de l'avenir. Y avait-il un intérêt de premier ordre à ce qu'il le fût ?... Aucun doute à ce sujet, puisque la sécurité des habitants de ce district de la Caroline du Nord en dépendait peut-être.

Quoi qu'il en soit, une quinzaine de jours après, alors que j'étais de retour à Washington, l'attention publique fut non moins sollicitée par un fait d'ordre tout différent. Ce fait allait demeurer aussi mystérieux que les phénomènes dont le Great-Eyry venait d'être le théâtre.

Vers le milieu de ce mois de mai, les journaux de la Pennsylvanie portèrent à la connaissance de leurs lecteurs ledit fait qui s'était récemment produit en divers points de l'État.

Depuis quelque temps, sur les routes qui rayonnent autour de Philadelphie, son chef-lieu, circulait un extraordinaire véhicule, dont on ne pouvait reconnaître ni la forme, ni la nature, ni même les dimensions, tant il se déplaçait rapidement. Que ce fût une automobile, il y avait parfait accord à ce sujet. Mais quel moteur l'animait, on en était réduit aux hypothèses plus ou moins admissibles, et, lorsque l'imagination populaire s'en mêle, il est impossible de lui assigner de justes limites.

À cette époque, les automobiles les plus perfectionnées, quel que fût leur système, mues par la vapeur d'eau, le pétrole, l'alcool ou l'électricité, ne dépassaient guère le cent trente à l'heure, soit environ trente lieues de quatre kilomètres, c'est-à-dire environ un mille et demi par minute, – ce que les chemins de fer, avec leurs express ou leurs rapides, donnent à peine sur les meilleures lignes de l'Amérique et de l'Europe.

Or, en ce qui concerne l'engin dont il s'agit, il marchait certainement au double de cette vitesse.

Inutile d'ajouter qu'une telle allure constituait un extrême danger sur les routes, tant pour les véhicules que pour les piétons. Cette masse roulante, arrivant comme la foudre, précédée d'un grondement formidable, déplaçait l'air avec une violence qui faisait craquer les branchages des arbres en bordure, affolant d'épouvante les animaux en pâture dans les champs, dispersant les oiseaux qui n'auraient pu résister aux tourbillons de la poussière soulevée à son passage.

Et – détail bizarre, sur lequel les journaux attirèrent plus particulièrement l'attention – le macadam des chemins était à peine entamé par les roues de l'appareil, qui ne laissait après lui aucune trace de ces ornières produites par le roulement de lourds véhicules. À peine une légère empreinte, un simple effleurement. La rapidité seule engendrait le soulèvement de la poussière.

« C'est à croire, faisait observer le *New York Herald,* que la vitesse de déplacement mange la pesanteur ! »

Naturellement, des réclamations s'étaient élevées parmi les divers districts de la Pennsylvanie. Comment tolérer ces courses folles d'un appareil, qui menaçait de tout renverser, de tout écraser sur son passage, voitures et piétons ?... Mais de quelle façon s'y prendre pour l'arrêter ?... On ne savait ni à qui il appartenait, ni d'où il venait, ni où il allait. On ne l'apercevait qu'au moment où il filait comme un projectile dans sa marche vertigineuse... Allez donc saisir au vol un boulet de canon au moment où il sort de la bouche à feu !...

Je le répète, nulle indication sur la nature du moteur de l'engin. Ce qui était certain, ce qu'on avait constaté, c'est qu'il ne laissait derrière lui aucune fumée, aucune vapeur, aucune odeur de pétrole ou autre huile minérale. De là cette conclusion, c'est qu'il s'agissait d'un appareil mû par l'électricité, et dont les accumulateurs, d'un modèle inconnu, renfermaient un fluide pour ainsi dire inépuisable.

Alors l'imagination publique, très surexcitée, voulut voir tout autre chose dans cette mystérieuse automobile : c'était le char extra-naturel d'un spectre qui la conduisait, un des chauffeurs de l'enfer, un gobelin qui venait de l'autre monde, un monstre échappé de quelque ménagerie tératologique, et, pour le résumer en un seul type, le diable en personne, Belzébuth, Astaroth, qui défiait toute intervention humaine, ayant à sa disposition l'invisible et infinie puissance satanique !

Mais Satan lui-même n'avait pas le droit de circuler avec cette rapidité sur les routes des États-Unis, sans une autorisation spéciale, sans un numéro d'ordre, sans une licence en règle, et, à coup sûr, pas une municipalité n'eût consenti à lui permettre du « deux cent cinquante » à l'heure. Donc, par raison de sécurité publique, il fallait aviser au moyen d'enrayer la fantaisie de ce chauffeur masqué.

Et même, ce ne fut pas la seule Pennsylvanie qui servit de vélodrome à ces excentricités sportives. Les rapports de police ne tardèrent pas à signaler l'appareil en d'autres États : au Kentucky, aux environs de Francfort ; dans l'Ohio, aux environs de Columbus ; dans le Tennessee, aux environs de Nashville ; dans le Missouri, aux environs de Jefferson ; enfin dans l'Illinois, sur les différentes routes qui aboutissent à Chicago.

Maintenant, l'éveil étant donné, il appartenait aux autorités municipales de prendre toutes mesures contre ce danger public. Attraper un appareil lancé à de telles vitesses, on n'y pouvait compter. Le plus sûr serait d'établir sur les chemins des barrages solides contre lesquels il viendrait tôt ou tard se briser en mille pièces.

« Bon ! répétaient les incrédules, cet enragé saura bien tourner ces obstacles...

– Et, au besoin, sauter par-dessus les barrages ! ajoutait-on.

– Et, si c'est le diable, il a des ailes en sa qualité d'ancien ange, et il ne sera pas embarrassé de prendre son vol. »

Vrais propos de commères, dont il n'y avait pas lieu de tenir compte ! D'ailleurs, si ce roi des Enfers possédait une paire d'ailes, pourquoi s'obstinait-il à circuler sur le sol terrestre, au risque d'écraser les passants, plutôt que de s'élancer à travers l'espace, comme un libre oiseau des airs ?...

Telle était la situation, qui ne pouvait se prolonger, dont se préoccupait à bon droit la haute police de Washington, résolue à y mettre un terme.

Or, voici ce qui arriva dans la dernière semaine du mois de mai, et tout donnait à penser que les États-Unis étaient délivrés du « monstre » resté insaisissable jusqu'alors. Et même, après le Nouveau Monde, il y avait lieu de croire que l'Ancien ne serait pas exposé à recevoir la visite de cet automobiliste aussi dangereux qu'extravagant.

À cette date, le fait suivant fut rapporté dans les divers journaux de l'Union, et de quels commentaires le public l'accompagna, il est facile de l'imaginer.

Un concours venait d'être organisé par l'Automobile-Club dans le Wisconsin, sur une des routes de cet État dont Madison est le chef-lieu. Cette route forme une piste excellente sur une longueur de deux cents milles[1], allant de Prairie-du-Chien, ville de la frontière-Ouest en passant par Madison, et se terminant un peu au-dessus de Milwaukee, à la rive du Michigan. Seule, au Japon, la route entre Nikko et Namodé, bordée de cyprès gigantesques, lui serait supérieure, car elle forme une ligne droite de quatre-vingt-deux kilomètres.

Nombre d'appareils et des meilleures marques s'inscrivirent pour prendre part à ce match, et il avait été décidé que tous les systèmes de moteurs seraient admis à concourir. Les motocycles même pouvaient disputer les prix aux automobiles. On verrait ceux des maisons Hurter et Dietrich en ligne avec les voiturettes légères Gobron et Brillé, Renault frères, Richard-Brasier, Decauville, Darracq, Ader, Bayard, Clément, Chenard et Walcker, les voitures Gillet-Forest, Harward et Watson, les grosses voitures Mors, Mercédès, Charron-Girardot-Voigt, Hotchkiss, Panhard-Levassor, Dion-Bouton, Gardner-Serpollet, Turcat-Méry, Hirschler et Lobano, etc., de toutes nationalités. La somme des différents

---

[1] Environ 370 kilomètres.

prix était considérable, car elle ne s'élevait pas à moins de cinquante mille dollars. Donc, nul doute que ces prix seraient vivement disputés. On le voit, les meilleurs fabricants avaient répondu à l'appel de l'Automobile-Club, en envoyant leurs types les plus perfectionnés. On en comptait une quarantaine de divers systèmes, vapeur d'eau, pétrole, alcool, électricité, tous ayant fait leurs preuves dans nombre de mémorables sports.

D'après les calculs, basés sur le maximum de vitesse qui pourrait être obtenu, cent trente à cent quarante kilomètres, cette course internationale durerait à peine trois heures pour ce parcours de deux cents milles. Aussi, afin d'éviter tout danger, les autorités du Wisconsin avaient interdit la circulation entre Prairie-du-Chien et Milwaukee pendant la matinée du 30 mai.

Donc, aucun accident n'était à prévoir, si ce n'est ceux qui pourraient survenir aux concurrents en pleine lutte. Cela, c'est leur affaire, comme on dit volontiers. Mais rien à craindre ni pour les véhicules ni pour les piétons en raison des mesures sagement prises.

Il y eut extraordinaire affluence et non seulement des Wisconsinois. Plusieurs milliers de curieux accoururent des États limitrophes de l'Illinois, du Michigan, de l'Iowa, de l'Indiana, même de l'État de New York.

Il va sans dire que parmi ces amateurs d'exercices sportifs figuraient un certain nombre d'étrangers, Anglais, Français, Allemands, Autrichiens, et, par un sentiment bien naturel, chacun faisait des vœux pour les chauffeurs de sa propre nationalité.

À noter aussi, puisque ce match s'effectuait aux États-Unis, la mirifique patrie des grands parieurs de ce bas monde, que de multiples paris s'étaient établis sous toutes les formes et d'excessive importance. Des agences spéciales les avaient reçus. Dans le Nouveau Continent, ils s'étaient considérablement accrus depuis la dernière semaine de ce mois de mai, et se chiffraient alors par des centaines de mille dollars.

Le signal du départ allait être donné à huit heures du matin par un chronométreur. Afin d'éviter l'encombrement et les accidents qui en fussent résultés, les automobiles devraient se succéder à deux minutes d'intervalle sur cette route dont les abords étaient noirs de spectateurs. Le premier prix serait attribué à la voiture qui couvrirait dans le minimum de temps la distance entre Prairie-du-Chien et Milwaukee.

Les dix premières voitures, désignées par le sort, étaient parties entre huit heures et huit heures vingt. Assurément, à moins d'un accident, elles seraient arrivées au but avant onze heures. Les autres allaient suivre dans l'ordre de tirage. Des agents de police surveillaient la route de demi-mille en demi-mille. Les curieux, disséminés le long du parcours, s'ils étaient nombreux au départ, ne l'étaient pas moins à Madison, point milieu de la piste, et formaient une foule considérable à Milwaukee, point terminus du match.

Une heure et demie s'était écoulée. Il ne restait plus un seul véhicule à Prairie-du-Chien. Par les communications téléphoniques, on savait de cinq minutes en cinq minutes quelle était la situation du ring, et en quel ordre se succédaient les concurrents. C'était une voiture Renault frères, quatre cylindres et vingt chevaux de force, pneus Michelin, qui tenait la tête à mi-chemin de Madison et de Milwaukee, suivie de près par une Harward Watson, et une Dion-Bouton. Quelques accidents s'étaient déjà produits, des moteurs fonctionnant mal, des appareils restés en panne, et, vraisemblablement, ils ne seraient pas plus d'une douzaine de chauffeurs en mesure d'atteindre le but. Mais, si l'on comptait plusieurs blessés, ils l'étaient peu grièvement. D'ailleurs, y eût-il eu mort d'hommes, c'est un détail, qui n'a pas grande importance dans cet étonnant pays d'Amérique.

On le comprendra, où la curiosité, où les passions devaient se déchaîner dans toute leur violence, c'était plus particulièrement aux approches de Milwaukee. Sur la rive ouest du Michigan se dressait le poteau d'arrivée, pavoisé de toutes les couleurs internationales.

Bref, après dix heures, il fut manifeste que le grand prix – vingt mille dollars – ne serait plus disputé que par cinq automobiles, deux américaines, deux françaises, une anglaise, grâce à leur avance considérable, les autres rivales étant distancées par suite d'accidents. Dès lors, on imaginera aisément avec quelle furia s'engageaient les derniers paris qui mettaient en jeu l'amour-propre national. À peine si les agences pouvaient suffire aux demandes. Les cotes progressaient avec une rapidité fiévreuse. Les représentants des principales marques qui tenaient la tête étaient prêts à en venir aux mains, et, si le revolver ou le *bowie-knife* ne s'en mêlaient pas, il ne s'en faudrait guère !

« À un contre trois, la Harward-Watson !...

– À un contre deux, le Dion-Bouton !...

–À égalité, la Renault frères ! »

Ces cris, on peut le dire, retentissaient sur toute la ligne à mesure que se répandaient les nouvelles téléphoniques.

Or, voici que vers neuf heures et demie à l'horloge municipale de Prairie-du-Chien, deux milles avant cette bourgade, se produisit un effroyable bruit de roulement, qui sortait d'un épais nuage de poussière, accompagné de sifflements semblables à ceux d'une sirène de marine.

À peine si les curieux eurent le temps de se ranger pour éviter un écrasement qui eût fait des centaines de victimes. Le nuage passa comme une trombe, et c'est tout au plus s'il fut possible de distinguer l'appareil animé d'une pareille vitesse.

On pouvait affirmer sans être taxé d'exagération qu'il faisait du deux cent quarante à l'heure.

Il disparut en un instant, laissant derrière lui une longue traînée de poussière blanche, comme la locomotive d'un rapide laisse à sa suite une longue traînée de vapeur.

Évidemment, c'était une automobile, pourvue d'un extraordinaire moteur. À maintenir cette allure pendant une heure, elle aurait rejoint les automobiles de tête, elle les dépasserait avec cette vitesse double de la leur, elle arriverait première au but.

Et alors, de toutes parts s'élevèrent de bruyantes clameurs, bien que les spectateurs massés sur les bords de la route n'eussent rien à craindre.

« C'est l'infernale machine signalée il y a une quinzaine de jours !...

– Oui !... la même qui a traversé l'Illinois, l'Ohio, le Michigan, et que la police n'a pu arrêter !...

– Et dont on n'entendait plus parler, heureusement pour la sécurité publique !...

– Et que l'on croyait finie, détruite, disparue pour jamais !...

– Oui !... la charrette du diable, chauffée avec le feu de l'enfer, et que Satan conduit en personne ! »

En vérité, si ce n'était pas le diable, qui pouvait donc être ce mystérieux chauffeur, menant avec cette invraisemblable vélocité cette non moins mystérieuse machine ?...

Ce qui paraissait au moins hors de doute, c'est que l'engin qui courait alors dans la direction de Madison était bien celui qui s'était déjà signalé à l'attention publique, et dont les agents n'avaient plus trouvé trace ! Si la police croyait qu'elle n'en entendrait plus jamais parler, eh bien, la police se trompait – ce qui se voit en Amérique comme ailleurs.

Alors, passé le premier mouvement de stupeur, les plus avisés coururent au téléphone, afin de prévenir les diverses stations en prévision des dangers qui menaçaient le ring des automobiles éparpillées sur la route, lorsque l'être quelconque qui dirigeait ce foudroyant appareil arriverait comme une avalanche. Elles seraient écrasées, broyées, anéanties, et qui sait même si de cette épouvantable collision il ne sortirait pas, lui, sain et sauf ?...

Après tout, il devait être si adroit, ce chauffeur des chauffeurs, il devait manier sa machine avec une telle sûreté de coup d'œil et de main qu'il saurait sans doute ne se heurter à aucun obstacle ! N'importe, si les autorités du Wisconsin avaient pris des mesures pour que la route fût réservée aux seuls concurrents du match international, cette route ne l'était plus.

Et voici ce que rapportèrent les coureurs, prévenus téléphoniquement, et qui durent interrompre la lutte pour le grand prix de l'Automobile-Club. À leur estime, ce prodigieux véhicule ne faisait pas moins de cent trente milles à l'heure. Telle était la vitesse, au moment où il les dépassait, qu'on put à peine reconnaître la forme de cette machine, sorte de fuseau allongé dont la longueur ne devait pas excéder une dizaine de mètres. Ses roues tournaient avec une vélocité telle que leurs rayons se confondaient. Du reste, elle ne laissait après elle ni vapeur, ni fumée, ni odeur.

Quant au conducteur, renfermé à l'intérieur de son automobile, il avait été impossible de l'apercevoir, et il demeurait aussi inconnu qu'à l'époque où il fut pour la première fois signalé sur les routes de l'Union.

Par les stations téléphoniques, Milwaukee avait été prévenue de l'arrivée de cet outsider. On imaginera aisément l'émotion que causa la nouvelle. Et tout d'abord se posa la question d'arrêter ce « projectile », d'élever en travers de la route un obstacle contre lequel il se briserait en mille pièces !... Mais en aurait-on le temps ?... Le chauffeur ne pouvait-il apparaître d'un instant à l'autre ?... À quoi bon, d'ailleurs, ne serait-il pas finalement forcé d'enrayer sa marche *valens aut nolem,* puisque la route aboutissait au lac Michigan, et qu'il ne pouvait aller au-delà, à moins de se métamorphoser en appareil de navigation ?...

Telle est la pensée qui se présenta à l'esprit des spectateurs, groupés en avant de Milwaukee, après avoir pris la précaution de se tenir à distance suffisante pour ne point être renversés par cette trombe.

Puis, là aussi, comme à Prairie-du-Chien, comme à Madison, les plus extravagantes hypothèses d'avoir cours. Et, à ceux qui ne voulurent point admettre que le mystérieux chauffeur fût le diable en personne, il ne répugnait pas de voir en lui quelque monstre échappé des fantastiques repaires de l'Apocalypse.

Et maintenant, ce n'était plus de minute en minute, c'était de seconde en seconde que ces curieux attendaient l'apparition de l'automobile signalée !

Or, il n'était pas onze heures, lorsqu'un lointain roulement se fit entendre sur la route, dont la poussière se soulevait en volutes tourbillonnantes. Des sifflets stridents déchiraient l'air, invitant à se ranger sur le passage du monstre. Il ne ralentissait pas sa vitesse... Pourtant le lac Michigan n'était plus qu'à un demi-mille, et son élan suffisait à l'y précipiter !... Est-ce donc que le mécanicien n'était plus le maître de sa mécanique ?...

Il n'y eut bientôt aucun doute à ce sujet. Avec la rapidité d'un éclair, le véhicule arriva à la hauteur de Milwaukee. Et, quand il eut dépassé la ville, alla-t-il donc s'engloutir dans les eaux du Michigan ?...

En tout cas, lorsqu'il eut disparu au tournant de la route, on ne trouva plus trace de son passage.

V

En vue du littoral de la Nouvelle-Angleterre

À l'époque où ces faits furent rapportés par les journaux d'Amérique, j'étais depuis un mois de retour à Washington.

Dès mon arrivée, j'avais eu soin de me présenter chez mon chef. Je ne pus le voir. Pour des raisons de famille, une absence allait le tenir éloigné quelques semaines. Mais, à n'en pas douter, M. Ward connaissait l'insuccès de ma mission. Les diverses feuilles de la Caroline du Nord avaient rapporté fort exactement les détails de cette ascension au Great-Eyry, en compagnie du maire de Morganton.

On comprendra le violent dépit que je ressentais de cette tentative inutile, sans parler de ma curiosité non satisfaite. Et, au vrai, je ne pouvais me faire à cette idée qu'elle ne le serait pas dans l'avenir... Quoi ! ne pas surprendre les secrets du Great-Eyry !... Non ! quand je devrais dix fois, vingt fois, me remettre en campagne et au risque d'y succomber !...

Évidemment, il n'était pas au-dessus des forces humaines, ce travail qui donnerait accès à l'intérieur de l'aire. Dresser un échafaudage jusqu'à la crête des hautes murailles, ou percer une galerie à travers l'épaisse paroi de l'enceinte, cela n'avait rien d'impossible. Nos ingénieurs s'attaquent journellement à des œuvres plus difficiles. Mais, en ce qui concerne le Great-Eyry, il eût fallu compter avec la dépense qui aurait été, dans l'espèce, hors de proportion avec les avantages à en retirer. Elle se fût chiffrée par plusieurs milliers de dollars, et, en somme, à quoi ce dispendieux travail eût-il servi ?... Si sur ce point des Montagnes-Bleues s'ouvrait un volcan, on n'aurait pu l'éteindre, et, s'il menaçait le district d'une éruption, on n'eût pu l'empêcher... Donc toute cette besogne aurait été faite en pure perte, et ne donnerait satisfaction qu'à la curiosité publique.

En tout cas, quel que fût l'intérêt spécial que je prenais à cette affaire, et si désireux que je fusse de fouler du pied le Great-Eyry, ce n'est pas avec mes ressources personnelles que j'eusse songé à m'y engager, et j'en étais réduit à me dire *in petto* :

« Voilà qui devrait tenter un de nos milliardaires américains !... Voilà l'œuvre que devraient poursuivre à tout prix des Gould, des Astor, des Vanderbilt, des Rockefeller, des Mackay, des Pierrepont-Morgan !... Bon ! ils n'y songeront pas, et ces grands trusters ont bien d'autres idées en tête ! »

Ah ! si l'enceinte eût renfermé dans ses entrailles quelques riches filons d'or ou d'argent, peut-être auraient-ils marché... Mais cette hypothèse n'était guère admissible !... La chaîne des Appalaches n'est située ni en Californie, ni au Klondike, ni en Australie, ni au Transvaal, ces pays privilégiés des inépuisables placers !...

Ce fut dans la matinée du 15 juin que M. Ward me reçut dans son bureau. Il connaissait l'insuccès de l'enquête dont j'avais été chargé par lui. Néanmoins, il me fit bon accueil.

« Voilà donc ce pauvre Strock, s'écria-t-il à mon entrée, ce pauvre Strock qui n'a pas réussi !...

– Pas plus, monsieur Ward, que si vous m'aviez chargé d'une enquête à la surface de la lune, répondis-je. Il est vrai, nous nous sommes trouvés en présence d'obstacles purement matériels, mais insurmontables dans les conditions où nous avons opéré !...

– Je vous crois, Strock, je vous crois volontiers !... Ce qui est certain, c'est que vous n'avez rien découvert de ce qui se passe à l'intérieur du Great-Eyry...

– Rien, monsieur Ward...

– Cependant, vous n'avez vu apparaître aucune flamme ?...

– Aucune.

– Et vous n'avez entendu aucun bruit suspect ?...

– Aucun.

– On en est encore à savoir s'il se trouve là un volcan ?...

– Encore, monsieur Ward, et, si ce volcan existe, il y a lieu de croire qu'il dort d'un profond sommeil...

– Eh ! reprit M. Ward, rien ne dit qu'il ne se réveillera pas un jour !... Voyez-vous, Strock, cela ne suffit point qu'un volcan dorme, il faut qu'il soit éteint !... À moins que tout ce qu'on a raconté n'ait pris naissance dans les imaginations caroliniennes !...

– Je ne le pense pas, monsieur Ward, répondis-je. M. Smith, le maire de Morganton et son ami, le maire de Pleasant-Garden, sont très affirmatifs à ce sujet. Oui ! des flammes se sont montrées au-dessus du Great-Eyry !... Oui ! il en sortait des bruits inexplicables !... Pas de doute sur la réalité de ces phénomènes !...

– Entendu, déclara M. Ward. J'admets que les maires et leurs administrés n'ont point fait erreur !... Enfin, quoi qu'il en soit, le Great-Eyry n'a pas révélé son secret...

– Si on tient à le savoir, monsieur Ward, il n'y a qu'à y mettre le prix, et, en faisant les dépenses nécessaires, le pic et la mine auront raison de ces murailles...

– Sans doute, répliqua M. Ward, mais ce travail ne s'impose pas, et il est préférable d'attendre ! D'ailleurs, la nature finira peut-être par nous livrer elle-même le mystère en question...

– Monsieur Ward, croyez-le bien, je regrette de n'avoir pu accomplir la tâche que vous m'aviez confiée...

– Bon ! ne vous désolez pas, Strock, et prenez philosophiquement votre échec !... Nous ne sommes pas toujours heureux dans notre partie, et les campagnes de la police ne sont pas invariablement couronnées de succès !... Voyez, en matière criminelle, combien de coupables nous échappent, et, je vais plus loin, on ne pourrait en arrêter un seul s'ils étaient plus intelligents, moins imprudents surtout, s'ils ne se compromettaient pas stupidement !... Mais ils se livrent eux-mêmes, parlant à tort et à travers !... À mon avis, rien ne doit être plus facile que de préparer un crime, assassinat ou vol, de l'exécuter sans laisser de soupçons, de manière à déjouer toute poursuite... Vous comprenez bien, Strock, ce n'est pas moi qui irai donner des leçons d'adresse et de prudence à messieurs les criminels !... Et, d'ailleurs, je le répète, ils sont nombreux ceux que la police n'a jamais pu découvrir !... »

À ce sujet, je partageais absolument l'opinion de mon chef : c'est dans le monde des malfaiteurs que se rencontrent le plus d'imbéciles !

Toutefois, il faut en convenir, ce qui me paraissait au moins étonnant, c'était que les autorités, municipales ou autres, n'eussent pas encore fait la lumière sur les faits dont certains États venaient d'être le théâtre. Aussi, lorsque M. Ward m'entretint à ce sujet, je ne pus lui cacher mon extrême surprise.

Il s'agissait de l'insaisissable véhicule qui venait de circuler sur les routes, au grand danger des piétons, chevaux, voitures qui les fréquentent. On sait dans quelles conditions de vitesse il battait tous les records de l'automobilisme. Dès les premiers jours, les autorités avaient été prévenues et donnaient des ordres afin de dresser contravention à ce terrible inventeur, et pour mettre un terme à ses redoutables fantaisies. Il surgissait on ne sait d'où, il paraissait et disparaissait avec l'instantanéité d'un éclair. Actifs et nombreux agents s'étaient mis en campagne : ils n'avaient pu rejoindre le délinquant. Et ne voilà-t-il pas que dernièrement, entre Prairie-du-Chien et Milwaukee, en plein concours organisé par l'Automobile-American-Club, il avait couvert en moins de deux heures cette piste de deux cents milles !...

Puis, de ce que cet appareil était devenu, aucune nouvelle ! Arrivé à l'extrémité de la route, emporté par son élan, sans avoir pu s'arrêter, avait-il été s'engloutir dans les eaux du lac Michigan ?... Devait-on penser que sa machine et lui eussent péri, qu'il ne serait plus jamais question ni de l'un ni de l'autre ?... Or, la grande majorité du public se refusait à admettre cette solution qui eût été la meilleure, et on s'attendait à le voir reparaître de plus belle !

Il est certain que l'aventure, aux yeux de M. Ward, rentrait dans le domaine de l'extraordinaire, et je partageais sa manière de voir. Assurément, si l'endiablé chauffeur ne se montrait plus, il y aurait lieu de ranger son apparition parmi ces mystères qu'il n'est pas donné à l'homme de pénétrer !

Nous avions causé de cette affaire, mon chef et moi, et je pensais que notre entretien allait prendre fin, lorsque, après quelques pas dans son cabinet, il me dit :

« Oui !... ce qui s'est passé sur la route de Milwaukee, pendant le concours international, c'est tout ce qu'il y a de plus étrange... mais voici qui ne l'est pas moins ! »

M. Ward me donna un rapport, que la police de Boston venait de lui adresser au sujet d'un fait dont les journaux, dès le soir même, allaient entretenir leurs lecteurs.

Tandis que je lisais, M. Ward s'était remis à son bureau, où il acheva une correspondance commencée avant ma visite. Je m'étais assis près de la fenêtre, et c'est avec une extrême attention que je pris connaissance dudit rapport.

Depuis quelques jours, les parages de la Nouvelle-Angleterre, en vue des côtes du Maine, du Connecticut, du Massachusetts, étaient troublés par une apparition sur la nature de laquelle personne n'avait pu être fixé.

Une masse mouvante, qui émergeait à deux ou trois milles du littoral, se livrait à de rapides évolutions. Puis, elle s'éloignait en glissant à la surface de la mer, et ne tardait pas à disparaître au large.

Cette masse se déplaçant avec une extrême vitesse, les meilleures longues-vues avaient peine à la suivre. Sa longueur ne devait pas dépasser une trentaine de pieds. De structure fusiforme et de couleur verdâtre, couleur qui lui permettait de se confondre avec la mer. La partie du littoral américain, d'où elle avait été le plus souvent observée, était celle qui s'étend entre le cap Nord de l'État de Connecticut et le cap Sable, situé à l'extrémité occidentale de la Nouvelle-Écosse.

À Providence, à Boston, à Portsmouth, à Portland, des chaloupes à vapeur tentèrent, maintes fois, de s'approcher de ce corps mouvant et même de lui donner la chasse. Elles ne parvinrent pas à le rejoindre. Le poursuivre, d'ailleurs, fut bientôt jugé inutile. En quelques instants, il se mettait hors de la portée du regard.

On ne s'en étonnera pas, des opinions bien différentes s'étaient faites touchant la nature de cet objet. Mais, jusqu'alors, aucune hypothèse ne reposait sur une base certaine, et les gens de mer s'y perdaient tout comme les autres.

D'abord, marins et pêcheurs admirent que ce devait être quelque mammifère du genre cétacé. Or, on ne l'ignore pas, ces animaux plongent avec une certaine régularité et, après plusieurs minutes sous les eaux, ils reviennent à la surface, rejetant par leurs évents des colonnes de liquide mélangé d'air. Or, jamais, jusqu'ici, cet animal – si c'était un animal – n'avait « sondé », comme disent les baleiniers, jamais il ne s'était dérobé par un plongeon, jamais on n'avait ni vu ni entendu les puissants souffles de sa respiration.

Dès lors, s'il n'appartenait pas à la classe des mammifères marins, fallait-il voir en lui quelque monstre inconnu, qui remontait des profondeurs océaniques, tels que ceux qui figurent dans les récits légendaires des anciens temps ?... Était-il à ranger parmi les calmars, les krakens, les léviathans, les fameux serpents de mer, dont il y aurait eu lieu de redouter l'attaque ?...

En tout cas, depuis que ce monstre, quel qu'il fût, avait été vu dans les parages de la Nouvelle-Angleterre, les petites embarcations, les chaloupes de pêche, n'osaient plus s'aventurer au large.

Dès que sa présence était signalée, elles se hâtaient de regagner le plus prochain port. Assurément, la prudence l'exigeait, et, pour peu que cet animal fût de caractère agressif, mieux valait ne point s'exposer à ses atteintes.

Quant aux voiliers de long cours, aux grands steamers, ils n'avaient rien à craindre du monstre, baleine ou autre. Leurs équipages n'étaient pas sans l'avoir aperçu plusieurs fois à plusieurs milles de distance. Mais, dès qu'ils cherchaient à le rejoindre, il s'éloignait si rapidement qu'il eût été impossible de l'approcher. Un jour, même, un petit croiseur de l'État sortit du port de Boston, sinon pour le poursuivre, du moins pour lui envoyer quelques projectiles. En peu d'instants, l'animal se mit hors de portée, et la tentative fut vaine. Jusqu'alors, du reste, il ne semblait pas qu'il eût l'intention de s'attaquer aux chaloupes des pêcheurs.

À ce moment, j'interrompis ma lecture, et, m'adressant à M. Ward, je lui dis :

« En somme, on n'a pas encore eu à se plaindre de la présence de ce monstre... Il fuit devant les gros navires... Il ne se lance pas sur les petits... L'émotion ne doit pas être bien vive chez les gens du littoral...

– Elle l'est pourtant, Strock, et ce rapport en fait foi...

– Cependant, monsieur Ward, la bête ne paraît pas être dangereuse... D'ailleurs, de deux choses l'une, ou elle quittera un jour ces parages, ou on finira par la capturer, et nous la verrons figurer dans le Muséum à Washington...

– Et si ce n'est pas un monstre marin... répondit M. Ward.

– Que serait-ce donc ?... demandai-je, assez surpris de la réponse.

– Continuez votre lecture ! » me dit M. Ward.

C'est ce que je fis, et voici ce que m'apprit la seconde partie du rapport, dont mon chef avait souligné certains passages au crayon rouge.

Pendant quelque temps, personne n'avait mis en doute que ce fût un monstre marin, et, à condition de le poursuivre vigoureusement, on finirait par débarrasser ces parages de sa présence. Mais un revirement de l'opinion ne tarda pas à se produire. En fin de compte, certains esprits, plus avisés, se demandèrent si, au lieu d'un animal, ce n'était pas un engin de navigation, qui venait évoluer dans les eaux de la Nouvelle-Angleterre.

Certes, cet engin devait présenter un rare degré de perfection. Peut-être, avant de livrer le secret de son invention, l'inventeur cherchait-il à provoquer l'attention publique et même quelque épouvante chez la gent maritime. Une telle sûreté dans ses manœuvres, une telle rapidité dans ses évolutions, une telle facilité à se dérober aux poursuites, grâce à son excessive puissance de déplacement, cela était bien pour piquer la curiosité !

À cette époque, de grands progrès avaient été accomplis dans l'art de la navigation mécanique. Les transatlantiques obtenaient de telles vitesses que cinq jours leur suffisaient à franchir la distance entre l'ancien et le nouveau continent. Et les ingénieurs n'avaient pas dit leur dernier mot.

Quant à la marine militaire, elle n'était pas restée en arrière. Les croiseurs, les torpilleurs, les contre-torpilleurs pouvaient lutter avec les plus rapides paquebots de l'Atlantique, du Pacifique et de la mer des Indes.

Toutefois, s'il s'agissait d'un bateau de nouveau modèle, il n'avait pas encore été possible d'observer sa forme extérieure. Mais, quant au moteur dont il disposait, il devait être d'une puissance dont n'approchaient pas les plus perfectionnés. À quel fluide empruntait-il sa valeur dynamique, vapeur ou électricité, impossible de le reconnaître. Le certain, c'est que, dépourvu de voilure, il ne se servait pas du vent, et, dépourvu de cheminée, il ne marchait pas à la vapeur.

À cet endroit du rapport, j'avais une seconde fois interrompu ma lecture, et je réfléchissais à ce que je venais de lire.

« À quoi songez-vous, Strock ?... me demanda mon chef.

– À ceci, monsieur Ward, c'est que, en ce qui concerne ledit moteur dudit bateau, il serait aussi fort et aussi inconnu que celui de cette fantastique automobile dont on n'a plus entendu parler depuis le match de l'American-Club...

– C'est la réflexion que vous avez faite, Strock ?...

– Oui, monsieur Ward...

Et alors cette conclusion s'imposait : c'est que, si le mystérieux chauffeur avait disparu, s'il avait péri avec son appareil dans les eaux du lac Michigan, il faudrait obtenir, coûte que coûte, le secret du non moins mystérieux navigateur, et souhaiter qu'il ne s'engloutît pas dans les abîmes de la mer avant de l'avoir livré. Est-ce que ce n'est pas l'intérêt d'un inventeur de mettre en lumière son invention ?... Est-ce que l'Amérique ou tout autre État ne lui en donnerait pas le prix qu'il exigerait ?...

Par malheur, si l'inventeur de l'appareil terrestre avait toujours conservé l'incognito, n'était-il pas à craindre que l'inventeur de l'appareil marin ne voulût garder le sien ?... En admettant même que le premier existât encore, on n'en avait plus entendu parler. Or, pour ce qui concernait le second, n'en serait-il pas de même, et, après avoir évolué en vue de Boston, de Portsmouth, de Portland, ne disparaîtrait-il pas à son tour, sans laisser de ses nouvelles ?...

Puis, ce qui pouvait donner quelque valeur à cette hypothèse, c'est que, depuis l'arrivée du rapport à Washington, c'est-à-dire depuis vingt-quatre heures, la présence de l'extraordinaire engin n'avait plus été signalée au large du littoral par les sémaphores de la côte !...

J'ajouterai qu'il ne s'était pas montré en d'autres parages. Il est vrai, certifier sa disparition définitive, c'eût été au moins très hasardeux !

Il convient, d'ailleurs, de noter ce point important : c'est que l'idée d'un cétacé, d'un calmar, d'un kraken, d'un animal marin, en un mot, paraissait être entièrement abandonnée. Ce jour même, les divers journaux de l'Union, s'emparant de ce fait divers et le commentant, concluaient à l'existence d'un appareil de navigation, doué de qualités supérieures au point de vue de l'évolution et de la vitesse. Tous s'accordaient à dire qu'il devait être pourvu d'un moteur électrique, sans que l'on pût imaginer à quelle source il puisait son électricité.

Mais ce que la presse n'avait pas encore fait remarquer au public – cela ne tarderait pas sans doute –, c'est une singulière coïncidence qui devait frapper l'esprit, et que me fit observer M. Ward au moment où je la constatais moi-même.

En effet, c'était seulement depuis la disparition de la fameuse automobile que le non moins fameux bateau venait de se montrer... Or, ces engins possédaient tous deux une prodigieuse puissance de locomotion... Si tous deux se montraient à nouveau, l'un sur terre, l'autre sur mer, le même danger menacerait les embarcations, les piétons, les voitures... Et alors, il faudrait bien que, par un moyen quelconque, la police intervînt pour assurer la sécurité publique sur les routes comme sur les eaux !

C'est là ce que me dit M. Ward, et ce qui était de toute évidence... Mais de quelle façon obtenir ce résultat ?...

Enfin, après une conversation, qui se prolongea quelque temps, j'allais me retirer lorsque M. Ward m'arrêta :

« Est-ce que vous n'avez pas retenu, Strock, me dit-il, qu'une bizarre ressemblance d'allure existe entre le bateau et l'automobile ?...

– Assurément, monsieur Ward !...

– Eh bien, qui sait si les deux appareils n'en font pas qu'un ?... »

VI

Première lettre

Après avoir quitté M. Ward, je regagnai ma demeure de Long-Street.

Là, j'aurais tout le temps de m'abandonner à mes réflexions, sans être dérangé, n'ayant ni femme ni enfant. Pour tout personnel, une vieille domestique qui, après avoir été au service de ma mère, depuis quinze ans était au mien.

Un mois auparavant, j'avais obtenu un congé. Il devait durer quinze jours encore, à moins de circonstances imprévues, une mission ne souffrant aucun retard.

On le sait, ce congé fut précisément interrompu pendant trois jours, à propos de cette enquête relative au phénomène du Great-Eyry.

Et, maintenant, la tâche ne me serait-elle pas donnée de faire la lumière sur les événements dont la route de Milwaukee, d'une part, les parages de Boston, de l'autre, avaient été le théâtre ?... Je le verrais bien... Mais comment retrouver la piste de cette automobile et de ce bateau ?... Assurément, l'intérêt public, la sécurité des eaux et des routes exigeaient qu'une enquête fût poursuivie dans ce but... Il est vrai, que faire tant que le ou les chauffeurs ne seraient pas signalés et, même en ce cas, comment les saisir au passage ?

Rentré dans ma maison, après déjeuner, ma pipe allumée, je dépliai mon journal... L'avouerai-je ?... la politique m'intéressait peu, ni l'éternelle lutte entre les républicains et les démocrates... Aussi allai-je tout d'abord à la rubrique des faits divers...

Qu'on ne s'étonne pas si mon premier soin fut de chercher quelque information, venue de la Caroline du Nord, sur l'affaire du Great-Eyry. Peut-être s'y trouverait-il une communication, envoyée de Morganton ou de Pleasant-Garden ?... D'ailleurs, M. Smith m'avait formellement promis de me tenir au courant. Un télégramme me préviendrait aussitôt, en cas que l'aire se fût illuminée de flammes. Je crois bien que le maire de Morganton avait, non moins que moi, le désir de forcer l'entrée de l'enceinte et ne demandait qu'à renouveler notre tentative, si l'occasion s'en présentait... Or, depuis mon départ, aucune dépêche ne m'était arrivée.

La lecture du journal ne m'apprit rien de nouveau. Il me tomba des mains sans que j'y prisse garde, et je restai plongé dans mes réflexions...

Ce qui me revenait à l'esprit, c'était cette opinion de M. Ward que peut-être l'automobile et le bateau ne faisaient qu'un... Très probablement alors, les deux appareils auraient été construits de la même main... Et, sans doute, c'était un moteur identique qui les animait de cette excessive vitesse, dépassant du double les records obtenus, à ce jour, dans les courses sur terre et sur mer...

« Le même inventeur », répétais-je.

Évidemment, cette hypothèse ne péchait point contre la vraisemblance. Même, la circonstance que les deux engins n'eussent jamais été signalés ensemble permettait de l'admettre dans une certaine mesure...

Et je me disais :

« Décidément, après le mystère du Great-Eyry, celui de la baie de Boston !... Est-ce qu'il en sera du second comme du premier ?... Ne parviendra-t-on pas à les connaître l'un plus que l'autre ?... »

Je dois noter que cette nouvelle affaire avait un retentissement considérable, attendu qu'elle menaçait la sécurité générale. Seuls, les habitants du district voisin des Montagnes-Bleues couraient des risques si une éruption ou un tremblement de terre venait à se produire... Au contraire, c'était sur n'importe quelle route des États-Unis, c'était dans n'importe quels parages américains que, soit le véhicule, soit le bateau, pouvaient subitement réapparaître et, avec leur réapparition, surgiraient les très réels dangers auxquels serait exposée l'universalité des citoyens...

C'était comme un coup de foudre, et, sans que vous soyez prévenu par l'aspect du temps, qui menaçait de vous atteindre !... Hors de sa maison, tout citoyen risquait d'être surpris par la soudaine arrivée de l'inévitable chauffeur !... Allez donc vous hasarder dans une rue, sur une route sillonnée par une volée de projectiles !... C'est ce que faisaient ressortir des milliers de journaux avidement lus par le public...

Je ne m'étonnais donc pas que les esprits fussent émus par ces révélations, et, en particulier, par ma vieille servante, très crédule en fait de légendes surnaturelles.

Aussi, ce jour-là, après le dîner, tandis qu'elle enlevait le couvert, Grad, carafe d'une main, assiette de l'autre, s'arrêtant et me regardant en face :

« Alors, monsieur, me dit-elle, on n'a rien de nouveau ?...

– Rien, répondis-je, devinant bien à quoi tendait sa demande.

– La voiture n'est pas revenue !...

– Non, Grad.

– Ni le bateau ?...

– Ni le bateau... pas même dans les feuilles les mieux informées !

– Mais... par votre service ?...

– Mon service n'en sait pas davantage !...

– Alors, monsieur, s'il vous plaît, à quoi sert la police ?...

– C'est une question que j'ai eu maintes fois l'occasion de me poser !...

– Voilà qui est rassurant, et, un beau matin, il arrivera sans se faire annoncer, ce maudit chauffeur, et on le verra, à Washington, filer à travers

Long-Street, au risque d'écraser les passants...

– Oh ! cette fois, Grad, il y aurait des chances pour qu'il fût arrêté...

– On n'y parviendrait pas, monsieur !...

– Et pourquoi ?...

– Parce que ce chauffeur, c'est le diable, et on n'arrête pas le diable !... »

Décidément, pensai-je, le diable a bon dos, et je crois bien qu'il n'a été inventé que pour permettre à nombre de braves gens d'expliquer ce qui est inexplicable !... C'est lui qui a allumé les flammes du Great-Eyry !... C'est lui qui a battu le record de vitesse sur la grande route du Wisconsin !... C'est lui qui évolue dans les parages du Connecticut et du Massachusetts !...

Mais laissons de côté cette intervention du malin esprit qui répond, je le reconnais, à la mentalité de certains cerveaux peu cultivés !... Ce qui n'était pas douteux, c'est qu'un être humain disposait actuellement d'un ou de deux appareils de locomotion infiniment supérieurs aux engins les plus perfectionnés sur terre comme sur mer.

Et, alors, cette question :

Pourquoi n'entendait-on plus parler de lui ?... Craignait-il que l'on finît par s'emparer de sa personne et par découvrir le secret de son invention, qu'il tenait sans doute à conserver ?... À moins que – et, bon gré mal gré, on en revenait toujours à cette solution –, à moins que, victime de quelque accident, il n'eût emporté son secret dans l'autre monde !... D'ailleurs, s'il avait péri, soit dans les eaux du Michigan, soit dans les eaux de la Nouvelle-Angleterre, comment retrouver jamais sa trace ?... Il aurait passé comme un météore, comme un astéroïde à travers l'espace, et, dans mille ans, son aventure serait devenue légende, au goût des bonnes Grad du trentième siècle !

Pendant quelque temps, les journaux d'Amérique, puis ceux de l'Europe, s'occupèrent de cet événement. Articles s'entassèrent sur articles ! Fausses nouvelles s'accumulèrent sur fausses nouvelles ! Il y eut invasion de racontars de toute espèce ! Le public des deux continents y prenait un intérêt prodigieux, – compréhensible, en somme. Qui sait même si les divers États de l'Europe ne ressentirent pas quelque jalousie de ce que l'Amérique eût été choisie pour champ d'expérience par cet inventeur, lequel, s'il était américain, ferait peut-être bénéficier son pays de son invention géniale ?... Est-ce que la possession d'un tel appareil, obtenu gratuitement par générosité patriotique, ou acquis à un prix si haut qu'il fût, n'assurerait pas à l'Union une incontestable supériorité ?

Et, pour la première fois, à la date du 10, le *New York* publia un retentissant article à ce sujet. Comparant la marche des plus rapides croiseurs de la Marine de l'État avec la marche du nouvel appareil en cours de navigation, il démontrait que, grâce à sa vitesse, l'Amérique, si elle en obtenait la propriété, n'aurait plus l'Europe qu'à trois jours d'elle, alors qu'elle serait encore à cinq jours de l'Europe.

Si la police avait cherché à déterminer la nature des phénomènes du Great-Eyry, elle éprouvait un non moins vif désir d'être fixée à l'égard du chauffeur dont on n'entendait plus parler. C'était un sujet de conversation sur lequel M. Ward revenait volontiers. Mon chef, je le sais, et non pour me causer le moindre chagrin, faisait parfois allusion à ma mission dans la Caroline, à son insuccès, comprenant bien, d'ailleurs, qu'il n'y avait eu là aucunement de ma faute... Quand les murs sont trop hauts pour qu'on puisse les franchir sans échelle, et lorsque l'échelle manque, il est évident qu'on ne saurait passer... à moins d'y pratiquer une brèche... Cela n'empêchait point M. Ward de me répéter parfois :

« Enfin, mon pauvre Strock, vous avez échoué, n'est-ce pas ?...

– Sans doute, monsieur Ward, comme tout autre eût échoué à ma place... C'est une question de dépense... Voulez-vous la faire ?...

– N'importe, Strock, n'importe, et j'espère qu'une occasion permettra à notre brave inspecteur principal de se réhabiliter ?... Et, tenez, cette affaire d'automobile et de bateau, si vous parveniez à la tirer au clair, quelle satisfaction pour nous, quel honneur pour vous !

– Assurément, monsieur Ward, et qu'on me donne l'ordre de me mettre en campagne...

– Qui sait, Strock ?... Attendons... attendons !... »

Les choses en étaient à ce point lorsque, dans la matinée du 15 juin, à l'arrivée du courrier, Grad me remit une lettre, – lettre recommandée et dont je dus donner décharge.

Je regardai l'adresse de cette lettre, d'une écriture qui m'était inconnue. Datée de la surveille, elle portait le timbre du bureau de poste de Morganton.

De Morganton ?... Je ne mis pas en doute que ladite lettre ne fût envoyée par M. Elias Smith.

« Oui, dis-je à ma vieille bonne, c'est M. Smith qui m'écrit... Ce ne peut être que lui... Il est le seul que je connaisse à Morganton... Et s'il m'écrit, comme nous en étions convenus, c'est qu'il a quelque chose d'important à me communiquer...

– Morganton ?... reprit Grad. N'est-ce pas de ce côté que les démons ont allumé leur feu d'enfer ?

– Précisément, Grad.

– J'espère bien que monsieur ne va pas retourner là-bas ?...

– Pourquoi non ?...

– Parce que vous finiriez par rester dans cette chaudière du Great-Eyry, et je n'entends pas que monsieur y reste !...

– Rassurez-vous, Grad, et, d'abord, sachons de quoi il s'agit. »

Je rompis les cachets de l'enveloppe, faite d'un papier très épais. Ces cachets, à la cire rouge, présentaient en relief une sorte d'écusson agrémenté de trois étoiles.

Je tirai la lettre de son enveloppe. Ce n'était qu'une feuille simple, pliée en quatre, écrite au recto seulement.

Mon premier soin fut de regarder la signature.

De signature, il n'y en avait pas... Rien que trois majuscules, à la suite de la dernière ligne...

« La lettre n'est pas du maire de Morganton... dis-je alors.

– Et de qui ?... » demanda Grad, doublement curieuse en sa qualité de femme et de vieille femme.

Tout en examinant les initiales qui servaient de signature, je me disais :

« Je ne connais personne à qui elles puissent se rapporter, ni à Morganton, ni ailleurs ! »

L'écriture de la lettre était assez forte, les pleins et les déliés très accusés, – une vingtaine de lignes en tout.

Voici la copie de cette lettre, dont j'ai conservé précieusement le texte original, et pour cause, – datée, à mon extrême stupéfaction, de ce mystérieux Great-Eyry :

« Great-Eyry. Montagnes-Bleues,
« Caroline du Nord.
« 13 juin.

« À Monsieur STROCK, inspecteur principal de police. Long-Street, 34, Washington.

« Monsieur,

« Vous avez été chargé d'une mission à l'effet de pénétrer dans le Great-Eyry.

« Vous êtes venu, à la date du 28 avril, accompagné du maire de Morganton et de deux guides.

« Vous êtes monté jusqu'à l'enceinte, et vous avez fait le tour des murailles, trop hautes pour être escaladées.

« Vous avez cherché une brèche, et vous ne l'avez pas trouvée.

« Sachez ceci : on n'entre pas dans le Great-Eyry et, si on y entrait, on n'en sortirait pas.

« N'essayez pas de recommencer votre tentative, qui ne réussirait pas plus la seconde fois que la première, et aurait pour vous des conséquences graves.

« Donc, profitez de l'avis, ou il vous arriverait malheur !

« M. D. M. »

VII

Et de trois

Je l'avoue, tout d'abord, ma surprise fut grande à la lecture de cette lettre. Des oh ! et des ah ! s'échappèrent de ma bouche. La vieille servante me regardait, ne sachant trop que penser.

« Est-ce que monsieur vient de recevoir une mauvaise nouvelle ?... »

À cette demande de Grad – je n'avais guère de secrets pour elle –, je répondis simplement en lui lisant la lettre depuis la première jusqu'à la dernière ligne.

Grad écoutait, me regardant avec une réelle inquiétude...

« Un mystificateur, sans doute, fis-je en haussant les épaules.

– À moins que ce ne soit le diable, puisque cela vient du pays du diable ! » ajouta Grad, toujours hantée d'interventions diaboliques.

Resté seul, je parcourus de nouveau cette lettre si inattendue, et, après réflexions, je m'en tins à l'idée qu'elle devait être l'œuvre d'un mauvais plaisant. Pas d'erreur possible... Mon aventure était connue... Les journaux ayant raconté en détails notre mission dans la Caroline du Nord et la tentative faite pour franchir l'enceinte du Great-Eyry, tout le monde savait pour quelles raisons, M. Smith et moi, nous n'avions pu réussir... Et alors un farceur, comme il s'en rencontre, même en Amérique, a pris la plume, et, pour se moquer, a écrit cette lettre des plus comminatoires.

En effet, à supposer que l'aire en question servît de refuge à une bande de malfaiteurs, devant craindre que la police ne découvrît leur retraite, ce n'est pas l'un d'eux qui aurait commis l'imprudence de la dévoiler... N'avaient-ils pas un intérêt majeur à ce que leur présence dans ce repaire demeurât ignorée ?... Ne serait-ce pas inciter les agents à faire de nouvelles recherches en cette région des Montagnes-Bleues ?... Quand il s'agirait de capturer un ramassis de gens suspects, on saurait bien les atteindre !... La mélinite ou la dynamite parviendraient à éventrer l'enceinte... Il est vrai, comment ces malfaiteurs avaient-ils pu y pénétrer, à moins qu'il n'existât un passage que nous n'avions pas découvert ?... Quoi qu'il en fût, et même en admettant cette hypothèse, jamais l'un d'eux n'aurait eu l'imprudence de m'adresser cette lettre...

Restait donc cette explication : c'était qu'elle fût de la main d'un mystificateur, ou d'un fou, et, à mon avis, je ne devais pas autrement m'en inquiéter ni même m'en préoccuper.

Aussi, ayant eu un instant la pensée d'en donner communication à M. Ward, je décidai de ne point le faire. Il n'y eût attaché aucune importance, à cette lettre. Cependant, je me gardai de la déchirer, et c'est dans mon bureau qu'elle fut serrée à tout hasard. S'il m'arrivait d'autres épîtres de ce genre, avec les mêmes initiales, je les joindrais à celle-ci, sans leur accorder plus de créance.

Plusieurs jours s'écoulèrent, pendant lesquels je me rendis comme d'habitude à l'hôtel de la police. J'avais quelques rapports à terminer, et rien ne me faisait prévoir que j'eusse à quitter prochainement Washington. Il est vrai, en notre partie, est-on jamais sûr du lendemain ? Mainte affaire peut se présenter qui vous oblige à courir les États-Unis depuis l'Oregon jusqu'à la Floride, depuis le Maine jusqu'au Texas !

Et, – cette idée me revenait souvent : Si j'étais chargé d'une nouvelle mission, et si je ne réussissais pas mieux que dans la campagne du Great-Eyry, je n'aurais plus qu'à démissionner et à prendre ma retraite !...

En ce qui concerne l'affaire du ou des chauffeurs, on n'en entendait plus parler. Je savais que le gouvernement avait ordonné de surveiller les routes, les fleuves, les lacs, toutes les eaux américaines. Mais peut-on exercer une surveillance effective sur un immense pays qui s'étend du 60ᵉ méridien au 125ᵉ, et du 30ᵉ degré de latitude au 45ᵉ !... Avec l'Atlantique d'un côté, le Pacifique de l'autre, le vaste golfe du Mexique, qui baigne ses côtes méridionales, l'introuvable bateau n'avait-il pas là un immense champ d'évolution, où il devait être insaisissable ?...

Mais, je le répète, ni l'un ni l'autre appareil n'avait été revu, et, on le sait, lors de ses dernières apparitions, son inventeur n'avait pas précisément choisi les endroits les moins fréquentés, cette grande route du Wisconsin, un jour de courses, ces parages de Boston, incessamment sillonnés par des milliers de navires !...

Si donc cet inventeur n'avait pas péri – ce qui pouvait s'admettre d'ailleurs –, ou il était maintenant hors de l'Amérique, peut-être dans les mers de l'Ancien Continent, ou il se cachait en quelque retraite connue de lui seul, et, à moins que le hasard...

« Eh ! me répétais-je parfois, en fait de retraite, aussi secrète qu'inaccessible, ce fantastique personnage n'aurait pas mieux trouvé que le Great-Eyry !... Il est vrai, un bateau ne saurait pas y pénétrer plus qu'une automobile !... Seuls les grands oiseaux, aigles ou condors, peuvent y chercher refuge ! »

Je dois noter que, depuis mon retour à Washington, aucun nouveau déchaînement de flammes n'avait effrayé les habitants du district. M. Elias Smith ne m'ayant point écrit à ce sujet, j'en concluais avec raison qu'il ne se produisait rien d'anormal. Tout donnait à penser que les deux affaires, auxquelles s'étaient si passionnément attachées la curiosité et l'inquiétude publiques, allaient tomber dans un complet oubli.

Le 19 juin, vers neuf heures, je me rendais à mon bureau, quand, en sortant de la maison, je remarquai deux individus, qui me regardèrent avec une certaine insistance. Ne les connaissant pas, je n'y pris garde, et, si mon attention fut attirée à ce sujet, c'est que la bonne Grad m'en parla à mon retour.

Depuis quelques jours, ma vieille servante avait observé que deux hommes semblaient m'épier dans la rue, ils faisaient les cent pas devant ma demeure, et me suivaient, paraît-il, lorsque je remontais Long-Street pour me rendre à l'hôtel de la police.

« Vous êtes sûre de ce que vous dites ?... demandai-je.

– Oui, monsieur, et, pas plus tard qu'hier, quand vous rentriez, ces individus, qui marchaient sur vos talons, sont partis, dès que la porte a été fermée !

– Voyons, Grad, ce n'est point une erreur...

– Non, monsieur.

– Et, si vous rencontriez ces deux hommes, vous les reconnaîtriez ?...

– Je les reconnaîtrais.

– Allons... allons, ma bonne Grad, répliquai-je en riant, je vois que vous possédez un véritable flair de policeman !... Il faudra que je vous engage dans la brigade de sûreté !...

– Plaisantez, monsieur, plaisantez !... J'ai de bons yeux encore et n'ai point besoin de lunettes pour dévisager les gens !... On vous espionne, ce n'est pas douteux, et vous feriez bien de mettre quelques agents sur la piste de ces espions !...

– Je vous le promets, Grad, répondis-je pour satisfaire la vieille femme, et, avec un de mes détectives, je saurai bientôt à quoi m'en tenir sur ces personnages suspects. »

Au fond, je ne prenais point cette communication au sérieux.

J'ajoutai, cependant :

« Lorsque je sortirai, j'observerai avec plus d'attention les passants...

– Ce sera prudent, monsieur ! »

Grad s'alarmant facilement d'ailleurs, je ne sais pourquoi je ne voulais pas attacher d'importance à son dire.

« Si je les revois, reprit-elle, je vous préviendrai, monsieur, avant que vous mettiez le pied dehors...

– C'est entendu ! »

Et j'interrompis la conversation, prévoyant bien que, à la continuer, Grad finirait par assurer que c'était Belzébuth et un de ses acolytes que j'avais à mes trousses.

Les deux journées suivantes, il fut manifeste que personne ne m'épiait ni à ma sortie ni à ma rentrée. J'en concluai que Grad avait fait erreur.

Or, dans la matinée du 22 juin, après avoir monté l'escalier, aussi rapidement que le lui permettait son âge, voici que Grad pousse la porte de ma chambre, et, à demi essoufflée, me dit :

« Monsieur... monsieur...

– Qu'y a-t-il, Grad ?...

– Ils sont là...

– Qui ?... demandai-je, songeant à tout autre chose qu'à la « filature » dont j'eusse été l'objet.

– Les deux espions...

– Ah ! ces fameux espions...

– Eux-mêmes... dans la rue, en face de vos fenêtres, observant la maison, attendant que vous sortiez ! »

Je m'approchai de la fenêtre et, le rideau légèrement soulevé, afin de ne point donner l'éveil, j'aperçus deux hommes sur le trottoir.

Deux, en effet, taille moyenne, vigoureusement constitués, larges épaules, d'un âge entre trente-cinq et quarante ans, vêtus comme le sont d'ordinaire les gens de la campagne, chapeau de feutre ombrageant la tête, pantalon d'épaisse laine, fortes bottes, bâton à la main.

Nul doute, ils examinaient, avec obstination, la porte et les fenêtres de ma demeure.

Puis, après avoir échangé quelques paroles, ils faisaient une dizaine de pas sur le trottoir et revenaient prendre leur poste.

« Ce sont bien les individus que vous aviez déjà remarqués, Grad ?... demandai-je.

– Sûrement, monsieur ! »

En somme, je ne pouvais plus croire à une erreur de ma vieille servante, et je me promis d'éclaircir cette affaire. Quant à suivre moi-même ces hommes, non ! ils m'auraient aussitôt reconnu et à quoi m'eût servi de m'adresser directement à eux ?... Aujourd'hui même, un agent sera de garde devant la maison, et, s'ils reparaissent le soir ou le lendemain, on les filera à leur tour... On les accompagnera jusqu'où il leur plaira d'aller, et leur identité finira par être établie.

Maintenant, m'attendaient-ils pour m'escorter jusqu'à l'hôtel de la police ?... C'est ce que j'allais voir, et, s'ils le faisaient, ce serait peut-être l'occasion de leur offrir une hospitalité dont ils ne nous remercieraient pas.

Je pris mon chapeau, et, tandis que Grad restait près de la fenêtre, je descendis, j'ouvris la porte, je mis le pied dans la rue.

Les deux hommes n'étaient plus là.

Mais leur signalement, gravé dans ma mémoire, ne s'en effacerait plus.

Malgré toute l'attention que j'y apportai, je ne pus les apercevoir.

À partir de ce jour, d'ailleurs, ni Grad ni moi, nous ne les revîmes devant la maison, et ils ne se rencontrèrent plus sur ma route.

Peut-être, après tout, en admettant que j'eusse été l'objet d'un espionnage, savaient-ils de moi ce qu'ils désiraient savoir, maintenant qu'ils m'avaient vu de leurs yeux, et je finis par ne point accorder à cette affaire plus d'importance qu'à la lettre aux initiales M. D. M.

Or, voici que la curiosité publique fut sollicitée de nouveau et dans des circonstances vraiment extraordinaires.

Il est bon de rappeler, tout d'abord, que les journaux n'entretenaient plus leurs lecteurs des phénomènes du Great-Eyry, qui ne s'étaient pas renouvelés. Même silence sur l'automobile et le bateau, dont nos meilleurs agents n'avaient pu trouver trace. Et, très vraisemblablement, tout cela eût été oublié, si un fait nouveau ne fût venu remettre ces incidents en mémoire.

Dans le numéro du 22 juin, des milliers de lecteurs purent lire l'article suivant, publié par *l'Evening Star,* et que toutes les feuilles de l'Union reproduisirent le lendemain :

« Le lac Kirdall, situé dans le Kansas, à quatre-vingts milles à l'ouest de Topeka, le chef-lieu, est peu connu. Il mérite cependant de l'être, et le sera sans doute, car l'attention publique est attirée sur lui d'une façon très particulière.

« Ce lac, compris dans une région montagneuse, ne paraît avoir aucune communication avec le réseau hydrographique de l'État. Ce qu'il perd par l'évaporation, il le regagne par le tribut des pluies abondantes en cette partie du Kansas.

« La superficie du Kirdall est évaluée à soixante-quinze milles carrés, et son niveau paraît être quelque peu supérieur à la cote moyenne du sol. Enfermé dans son cadre orographique, il est d'un accès difficile à travers d'étroites gorges. Cependant plusieurs villages se sont fondés sur ses bords. Il fournit du poisson en grande abondance, et les barques de pêche le sillonnent en toutes directions.

« Ajoutons que la profondeur du Kirdall est très variable. Près des rives, elle n'est pas inférieure à cinquante pieds. Ce sont des roches presque à pic qui forment les bords de cette vaste cuvette. Les houles, soulevées par le vent, battent parfois son littoral avec fureur, et ses habitations riveraines y sont noyées sous les embruns comme sous des averses d'orages. Les eaux, déjà profondes à la périphérie, le sont plus encore en gagnant vers le centre, où, par de certains endroits, les sondes ont accusé jusqu'à trois cents pieds.

« C'est une eau limpide et douce qui remplit ce lac. Naturellement, il ne s'y rencontre aucune espèce de poissons de mer, mais des brochets, des perches, des truites, des carpes, des goujons, des anguilles, etc., en quantités prodigieuses et de dimensions peu ordinaires.

« On comprendra donc que la pêche du Kirdall soit très fructueuse, très suivie. Il ne faut pas évaluer à moins de plusieurs milliers les pêcheurs qui l'exercent, et à plusieurs centaines les embarcations dont ils se servent. À cette flottille, il convient d'ajouter une vingtaine de petites goélettes et de chaloupes à vapeur, qui font le service du lac et assurent les communications entre les divers villages. Au-delà du cadre de montagnes fonctionne le réseau des railroads, qui facilite le débit de cette industrie dans le Kansas et les États voisins.

« Cette description du Kirdall est nécessaire pour la compréhension des faits que nous allons rapporter. »

Et voici ce que racontait l'*Evening Star* dans cet article sensationnel :

« Depuis quelque temps les pêcheurs ont remarqué qu'un trouble inexplicable se produit à la surface du lac. Par instants, elle se soulève comme au contrecoup d'une lame de fond. Même en l'absence de toute brise, par temps calme, ciel pur, cette dénivellation s'effectue au milieu d'un mélange d'écume. À la fois ballottées par des secousses de roulis et de tangage, les embarcations ne peuvent se maintenir en bonne route. Elles sont précipitées les unes contre les autres, menacent de chavirer, et il en résulte de graves avaries.

« Ce qu'il y a de certain, c'est que le bouleversement des eaux prend naissance dans les basses couches du Kirdall, phénomène auquel on a cherché diverses explications.

« Tout d'abord, on s'est demandé si ce trouble n'était pas dû à un mouvement sismique, modifiant les fonds du lac sous l'influence des forces plutoniennes. Mais cette hypothèse dut être repoussée, lorsqu'il fut reconnu que la perturbation n'était pas localisée et se propageait sur toute l'étendue du Kirdall, à l'est comme à l'ouest, au nord comme au sud, au centre comme sur les bords, successivement, régulièrement pourrait-on dire, ce qui exclut toute idée d'un tremblement de terre ou d'une action volcanique.

« Une hypothèse différente ne tarda pas à se formuler. N'était-ce point la présence d'un monstre marin qui bouleversait les eaux du Kirdall avec cette violence ?... Mais, à moins que ledit monstre ne fût né dans ce milieu, ne s'y fût développé dans des proportions gigantesques, ce qui est peu admissible, il faudrait que, venu du dehors, il eût pu s'introduire dans le lac. Or, le Kirdall n'a aucune communication avec l'extérieur. Quant à l'existence de canaux souterrains, alimentés par les rivières du Kansas, cette explication n'eût pas supporté l'examen. Et, encore, si cet État avait été situé près du littoral de l'Atlantique, du Pacifique, du golfe du Mexique !... Non ! il est central, et à grande distance des mers américaines.

« Bref, la question ne semble pas facile à résoudre, et il est plus aisé d'écarter les données manifestement fausses que de découvrir l'exacte vérité.

« Or, s'il est démontré que la présence d'un monstre dans le Kirdall est impossible, ne s'agirait-il pas plutôt d'un sous-marin évoluant à travers les profondeurs du lac ?... Est-ce qu'il n'existe pas, à notre époque, nombre d'engins de ce genre ?... Et, précisément, à Bridgeport, dans le Connecticut, n'a-t-on pas lancé, il y a quelques années, un appareil, le *Protector,* qui pouvait naviguer sur l'eau, sous l'eau, et aussi se mouvoir sur terre ?... Construit par un inventeur du nom de Lake, muni de deux moteurs, l'un électrique, de soixante-quinze chevaux, actionnant deux hélices jumelles ; l'autre à pétrole, de deux cent cinquante chevaux, il était en outre pourvu de roues en fonte d'un mètre de diamètre, qui lui permettaient de rouler sur les routes comme sur le fond des mers.

« Fort bien, mais, en admettant que les perturbations observées soient produites par le passage d'un submersible système Lake, même poussé à un plus haut degré de perfection, reste toujours cette question : Comment a-t-il pu pénétrer dans le Kirdall, par quelle voie souterraine y serait-il arrivé ?... On le répète, ce lac, enfermé de toutes parts dans un cirque de montagnes, n'est pas plus accessible au bateau qu'au monstre marin.

« Une telle objection paraît donc être sans réplique. Cependant, la seule hypothèse admissible, c'est qu'un appareil de cette espèce circule sous les eaux du Kirdall, et ajoutons qu'il ne s'est jamais montré à sa surface.

« Du reste, il n'est plus possible d'en douter maintenant, après ce qui s'est passé à la date du 20 juin dernier.

« Ce jour-là, l'après-midi, la goélette *Markel,* courant toutes voiles dehors vers le nord-ouest, est venue en collision avec un corps qui flottait entre deux eaux. Cependant, il n'existe aucun écueil en cet endroit, où la sonde accuse une profondeur de quatre-vingts à quatre-vingt-dix pieds.

« La goélette, attaquée dans son flanc de bâbord, risquait d'emplir et de couler bas en quelques minutes. On parvint, c'est vrai, à aveugler cette voie d'eau et elle put rallier le port le plus voisin, à trois milles de là.

« Lorsque la *Markel,* après déchargement, eut été halée sur une grève, l'avarie fut examinée à l'extérieur comme à l'intérieur, et tout démontra que la goélette avait reçu un véritable coup d'éperon dans sa coque.

« Or, cette constatation faite, il est impossible de nier la présence d'un sous-marin sous les eaux du Kirdall, où il se meut avec une extrême rapidité.

« Mais, alors, il y a lieu de faire cette remarque : En admettant qu'un appareil de ce genre ait pu s'introduire à l'intérieur du lac, qu'est-il venu y faire ?... Est-ce là un lieu propice à de telles expériences ?... Puis, pourquoi ne remonte-t-il jamais à la surface et quel intérêt aurait-il à rester inconnu ? »

L'article de l'*Evening Star* se terminait par ce rapprochement vraiment étrange :

« Après l'automobile mystérieuse, le bateau mystérieux.

« Après le bateau mystérieux, le sous-marin mystérieux.

« Faut-il en conclure qu'ils sont tous trois dus au génie du même inventeur et que tous trois ne font qu'un seul appareil ? »

VIII

À tout prix

Ce fut comme une révélation, et d'un effet immense, acceptée, dirait-on, unanimement. Étant donné la propension de l'esprit humain vers l'extraordinaire, souvent même vers l'impossible, personne n'en voulut plus douter. Non seulement c'était le même inventeur, mais c'était le même appareil.

Et pourtant, comment pouvait s'accomplir, dans la pratique, cette transformation d'une automobile qui devenait bateau, puis sous-marin ?... Un engin de locomotion propre à circuler sur terre, sur et sous les eaux !... Eh bien, il ne lui manquerait plus que de voler à travers l'espace !

Mais, enfin, rien qu'à s'en tenir à ce que l'on savait, à ce qui était constaté, à ces faits auxquels de nombreux témoins apportaient un indiscutable appui, cela devait être regardé comme absolument extraordinaire. Aussi le public, déjà blasé sur les derniers événements, trouva-t-il un nouveau regain de curiosité.

Tout d'abord les journaux firent cette observation très juste : En admettant qu'il y eût trois appareils distincts, ils étaient actionnés par un moteur d'une puissance supérieure à tous ceux que l'on connaissait. Ce moteur avait fait ses preuves, et quelles preuves, puisqu'il engendrait cette vitesse d'un mille et demi par minute !

Eh bien, au créateur de cette machine, il fallait acheter son système à tout prix. Que ce système fût appliqué à trois appareils ou à un seul capable de se mouvoir en des milieux si divers, il n'importait. Acquérir le moteur qui donnait de pareils résultats, s'assurer son exploitation en toute propriété, telle était l'affaire à conclure.

Évidemment, d'ailleurs, les autres États ne négligeraient rien pour devenir possesseurs d'un engin qui serait si précieux dans l'armée comme dans la marine. On comprend quels avantages en retirerait une nation sur terre et sur mer !... Comment empêcher ses effets destructeurs, puisqu'on ne pouvait l'atteindre !... Il fallait donc s'en rendre maître à coups de millions, et l'Amérique ne saurait faire des siens un meilleur usage.

Ainsi raisonnait le monde officiel et aussi le populaire. Les feuilles publiques s'épuisaient en articles sur ce palpitant sujet. Et, assurément, l'Europe ne resterait pas en arrière des États-Unis en de telles circonstances.

Mais, pour acheter l'invention, nécessité de retrouver l'inventeur, et là apparaissait la véritable difficulté. En vain avait-on fouillé le lac Kirdall et promené la sonde à travers ses eaux !... Y avait-il lieu d'en conclure que le sous-marin ne parcourait plus ses profondeurs ?... Dans ce cas, comment était-il parti ?... Il est vrai, comment était-il venu ?... Insoluble problème !... Et puis il ne se montrait nulle part, pas plus que l'automobile sur les routes de l'Union, pas plus que le bateau sur les parages américains !

Plusieurs fois, lors des visites que je faisais à M. Ward, nous avions causé de cette affaire, qui ne laissait pas de le préoccuper. Les agents continueraient-ils ou non des recherches jusque-là infructueuses ?...

Or, dans la matinée du 27 juin, voici que je fus mandé à l'hôtel de la police, et, dès mon entrée dans son cabinet, M. Ward me dit :

« Eh bien, Strock, est-ce qu'il n'y aurait pas là une belle occasion de prendre votre revanche ?...

– La revanche du Great-Eyry ?...

– Précisément.

– Quelle occasion ?... demandai-je, ne sachant trop si mon chef me parlait sérieusement.

– Voyons, reprit-il, n'aimeriez-vous pas à découvrir l'inventeur de cet appareil à triple fin ?...

– N'en doutez pas, monsieur Ward ! répondis-je. Donnez-moi l'ordre de me mettre en campagne, et je ferai l'impossible pour réussir !... Il est vrai, je crois que ce serait difficile...

– En effet, Strock, et peut-être plus difficile que de pénétrer dans le Great-Eyry ! »

Il était évident – pour employer un mot français qui n'a pas d'analogue dans notre langue – que M. Ward me « blaguait » volontiers à propos de ma dernière mission. Toutefois, il le faisait sans méchanceté, et plutôt avec l'intention de me piquer au jeu. Il me connaissait d'ailleurs, il savait que j'eusse donné tout au monde pour reprendre la tentative manquée. Je n'attendais que de nouvelles instructions.

M. Ward me dit alors, et du ton le plus amical :

« Je sais, Strock, que vous avez fait tout ce qui dépendait de vous, et je n'ai rien à vous reprocher... Mais il n'est plus question maintenant du Great-Eyry... Le jour où le gouvernement tiendrait à forcer son enceinte, il lui suffirait de ne point regarder à la dépense, et, avec quelques milliers de dollars, il obtiendrait satisfaction.

– C'est mon avis...

– Cependant, ajouta M. Ward, je crois qu'il est plus utile de mettre la main sur le fantastique personnage qui nous a constamment échappé !... Ce serait œuvre de police et de bonne police !...

– Les rapports ne l'ont pas signalé de nouveau ?...

– Non, et, bien qu'il y ait tout lieu de croire qu'il manœuvrait sous les eaux du Kirdall, il a été impossible de reprendre sa piste. C'est à se demander s'il n'a pas encore la faculté de se rendre invisible, ce Protée de la mécanique !

– En tout cas, s'il n'a pas ce don, répondis-je, il est probable qu'il ne se laisse jamais voir que si cela lui convient.

– Juste, Strock, et, à mon avis, il n'y a qu'un moyen d'en finir avec cet original : c'est de lui offrir un tel prix de son appareil qu'il ne puisse se refuser à le vendre ! »

M. Ward avait raison. Aussi est-ce dans ce sens que le gouvernement allait faire une tentative pour entrer en pourparlers avec ce « héros du jour », et jamais créature humaine mérita-t-elle plus justement cette qualification !... La presse aidant, l'extraordinaire personnage ne manquerait pas d'apprendre ce qu'on voulait de lui... Il connaîtrait les conditions exceptionnelles auxquelles on lui proposerait de livrer son secret...

« Et, de vrai, concluait M. Ward, en quoi cette invention lui serait-elle d'une utilité personnelle ?... N'aurait-il pas tout avantage à en tirer profit ?... Il n'y a aucune raison pour que cet inconnu soit un malfaiteur qui, grâce à sa machine, défierait toute poursuite ! »

Cependant, d'après ce que venait de me dire mon chef, on était décidé en haut lieu à employer d'autres procédés pour réussir. La surveillance exercée par de nombreux agents sur les routes, les fleuves, les rivières, les lacs et aussi les parages voisins, n'avait produit aucun résultat. Et, sauf le cas possible, après tout, où l'inventeur eût péri avec sa machine dans quelque dangereuse manœuvre, si on ne le voyait plus, c'est qu'il entendait ne plus se laisser voir... Or, depuis l'accident de la goélette *Markel* sur le Kirdall, aucune nouvelle n'était parvenue à l'hôtel de la police, et l'affaire n'avait point avancé d'un pas. Voilà ce que me répéta M. Ward, et il ne cherchait guère à cacher son désappointement.

Oui ! désappointement, déception, et, en somme, difficultés de plus en plus graves d'assurer la sécurité publique ! Allez donc poursuivre les malfaiteurs quand ils seront devenus insaisissables sur terre et sur mer !... Allez donc les poursuivre sous les eaux !... Et, lorsque les ballons dirigeables auront atteint leur dernier degré de perfection, allez donc poursuivre les bandits à travers l'espace !... Et j'en arrivai à me demander si, quelque jour, mes collègues et moi, nous ne serions pas réduits à l'impuissance, à l'inactivité, et si tous les policiers, devenus inutiles, ne seraient pas définitivement mis à la retraite !...

À cet instant me revint le souvenir de la lettre reçue une dizaine de jours avant, – cette lettre datée du Great-Eyry, qui me menaçait dans ma liberté, même dans ma vie, si je renouvelais ma tentative !... Je me rappelai aussi le singulier espionnage dont j'avais été l'objet. Depuis, aucune autre lettre de ce genre. Quant aux deux individus suspects, aucune rencontre avec eux. La vigilante Grad, toujours aux aguets, ne les avait pas vus reparaître devant la maison.

Je me demandai s'il ne vaudrait pas mieux mettre M. Ward dans la confidence. Mais, à bien réfléchir, l'affaire du Great-Eyry ne présentait plus d'intérêt. L'« autre » en avait effacé jusqu'au souvenir... Très probablement les campagnards du district n'y songeaient guère, puisque les phénomènes, cause de leur épouvante, ne s'étaient pas renouvelés, et ils vaquaient tranquillement à leurs occupations habituelles.

Je me réservai donc de ne communiquer cette lettre à mon chef que si les circonstances l'exigeaient plus tard. D'ailleurs, il n'aurait vu là qu'une farce de mauvais plaisant.

Reprenant alors la conversation, interrompue pendant quelques minutes, M. Ward me dit :

« Nous allons essayer d'entrer en communication avec cet inventeur, et de traiter avec lui... Il a disparu, ce n'est que trop vrai, mais il n'y a pas de raison pour qu'il ne reparaisse un jour ou l'autre et que sa présence ne soit de nouveau signalée sur un point quelconque du territoire américain... C'est vous, Strock, que nous avons choisi, et, au premier avis, tenez-vous prêt à partir sans perdre une heure. Ne sortez que pour venir à l'hôtel de la police, où vous recevrez nos dernières instructions, s'il y a lieu...

— Je me conformerai à vos ordres, monsieur Ward, répondis-je, et je serai prêt à quitter Washington pour n'importe quelle destination au premier signal... Mais une question que je me permets de vous poser : devrai-je agir seul, ou ne conviendrait-il pas de m'adjoindre... ?

— C'est ainsi que je l'entends, dit M. Ward en m'interrompant. Faites choix de deux agents en qui vous aurez toute confiance...

— Ce sera facile, monsieur Ward. Et, maintenant, si, un jour ou l'autre, je suis en présence de notre homme, qu'aurai-je à faire ?...

— Tout d'abord ne plus le perdre de vue, et, au besoin même, vous assurer de sa personne, car vous serez muni d'un mandat d'arrêt...

— Utile précaution, monsieur Ward. S'il venait à sauter sur son automobile et à filer au train que vous savez... essayez donc d'attraper un gaillard qui fait du deux cent quarante à l'heure !...

— Aussi ne faut-il pas qu'il les puisse faire, Strock, et, l'arrestation opérée, passez une dépêche... Le reste nous regarde.

— Comptez sur moi, monsieur Ward... À toute heure de jour ou de nuit, je serai prêt à partir avec mes agents... Je vous remercie de m'avoir confié cette mission qui, si elle réussit, me fera grand honneur...

— Et grand profit », ajouta mon chef en me congédiant.

Rentré à la maison, je m'occupai des préparatifs d'un voyage qui pouvait être de quelque durée. Peut-être Grad s'imagina-t-elle qu'il s'agissait de retourner au Great-Eyry, et l'on n'ignore pas ce qu'elle pensait de cette antichambre de l'enfer. Toutefois, elle ne me fit aucune observation, et je préférai ne point la mettre dans la confidence, si certain que je fusse de sa discrétion.

En ce qui concerne les deux agents qui devaient m'accompagner, mon choix était fait d'avance. Tous deux appartenaient à la brigade d'informations, âgés l'un de trente, l'autre de trente-deux ans, ayant donné en maintes circonstances et sous mes ordres des preuves de vigueur, d'intelligence, d'audace ; l'un John Hart, de l'Illinois, l'autre, Nab Walker, du Massachusetts. Je n'aurais pu avoir la main plus heureuse.

Quelques jours s'écoulèrent. Aucune nouvelle ni de l'automobile, ni du bateau, ni du submersible. Si quelques indications parvinrent à l'hôtel de la police, elles furent reconnues fausses, et il n'y eut pas lieu de leur donner suite. Quant aux racontars des journaux, ils n'avaient aucune valeur, et l'on sait bien que les feuilles même les mieux informées sont toujours sujettes à caution.

Cependant, par deux fois, il ne fut pas douteux que « l'homme du jour » s'était remontré, la première, sur une des routes de l'Arkansas aux environs de Little-Rock, la seconde dans les parages méridionaux du lac Supérieur.

Or, chose absolument inexplicable, la première apparition s'était faite dans l'après-midi du 26 juin, la seconde dans la soirée du même jour. Comme, entre ces deux points du territoire, la distance n'est pas inférieure à huit cents milles, si, étant donné son invraisemblable vitesse, l'automobile pouvait couvrir ce trajet en peu de temps, encore aurait-on dû l'apercevoir, lorsqu'elle traversait l'Arkansas, le Missouri, l'Iowa, le Wisconsin.

En effet, ce n'était que par terre, non autrement, que le chauffeur aurait pu effectuer le voyage et, pourtant, son passage ne fut signalé nulle part.

C'était à n'y rien comprendre, on l'avouera, et le vrai est qu'on n'y comprenait rien.

Du reste, après sa double réapparition sur la route de Little-Rock et près du littoral du lac Supérieur, on ne l'avait plus aperçu. Aussi, mes agents et moi, nous n'eûmes point à nous mettre en route.

On sait que le gouvernement eût voulu entrer en communication avec le mystérieux personnage. Mais il fallait abandonner toute idée de s'emparer de sa personne, et arriver au but par d'autres moyens. Ce qui importait, et ce dont s'inquiétait plus spécialement le public, c'était que l'Union devînt seule propriétaire d'un appareil lui assurant une incontestable supériorité sur les autres pays, surtout en cas de guerre. Il était à croire, d'ailleurs, que l'inventeur devait être d'origine américaine, puisqu'il ne se montrait que sur le territoire américain, et qu'il préférerait sans doute traiter avec l'Amérique.

Voici la note que publièrent tous les journaux des États-Unis à la date du 3 juillet.

Cette note était conçue en ces termes, des plus formels :

« Dans le courant d'avril de la présente année, une automobile a circulé sur les routes de la Pennsylvanie, du Kentucky, de l'Ohio, du

Tennessee, du Missouri, de l'Illinois, et le 27 mai, pendant le match de l'American-Club, sur les routes du Wisconsin, puis elle a disparu.

« Au cours de la première semaine de juin, un bateau, évoluant à grande vitesse, a parcouru les parages de la Nouvelle-Angleterre, entre le cap Nord et le cap Sable et plus particulièrement en vue de Boston, puis il a disparu.

« Dans la seconde quinzaine du même mois, un submersible a manœuvré sous les eaux du lac Kirdall, au Kansas, puis il a disparu.

« Tout porte à le croire, c'est au même inventeur que sont dus ces appareils, qui n'en font peut-être qu'un seul, apte à circuler sur terre comme à naviguer sur mer et sous mer.

« Une proposition est donc adressée audit inventeur, quel qu'il soit, dans le but d'acquérir ledit appareil.

« En même temps qu'il est invité à se faire connaître, il est prié d'indiquer le prix auquel il consentirait à traiter avec le gouvernement américain et à envoyer sa réponse le plus tôt possible à l'hôtel de la police, Washington, district de Columbia, États-Unis d'Amérique. »

Telle fut la note imprimée en gros caractères dans les journaux. Assurément, elle ne tarderait point à tomber sous les yeux de l'intéressé, en quelque lieu qu'il fût. Il la lirait, il ne pourrait manquer d'y répondre d'une façon ou d'une autre, et pourquoi refuserait-il d'accepter une pareille offre ?...

Il n'y avait plus qu'à attendre la réponse.

On se figure sans peine de quel accès de curiosité fut saisi le public. Du matin au soir, une foule avide et bruyante se pressait devant l'hôtel de la police, guettant l'arrivée d'une lettre ou d'un télégramme. Les reporters ne quittaient plus leur poste. Quel honneur, quelle aubaine pour le journal qui, le premier, publierait la fameuse nouvelle !... Savoir enfin les nom et qualités de l'introuvable inconnu, et s'il consentait à entrer en rapport avec le gouvernement fédéral ?... Il va sans dire que l'Amérique ferait largement les choses. Les millions ne lui manquent pas, et, le fallût-il, ses milliardaires ouvriraient toutes grandes leurs inépuisables caisses !...

Une journée se passa. À combien de gens nerveux et impatients elle parut compter plus de vingt-quatre heures, et les heures parurent durer plus de soixante minutes !

Pas de réponse, pas de lettre, pas de dépêche. La nuit suivante, rien de nouveau. Et il en fut de même pendant trois jours encore !

Alors se produisit ce qui était à prévoir. Les câbles avaient appris à l'Europe ce que proposait l'Amérique. Les divers États de l'Ancien Continent feraient tout autant qu'elle leur profit de cette invention ! Pourquoi ne pas lui disputer la possession d'un appareil dont il y avait à tirer des avantages si considérables ?... Pourquoi ne pas se jeter dans la lutte à coups de millions ?...

En effet, les grandes puissances allaient s'en mêler : la France, l'Angleterre, la Russie, l'Italie, l'Autriche, l'Allemagne. Seuls les États de second ordre n'essaieraient pas de se lancer dans la bataille au détriment de leurs budgets. La presse européenne publia des notes identiques à celle des États-Unis. Et, en vérité, il ne tiendrait qu'à l'extraordinaire « chauffeur » de devenir un rival des Gould, des Morgan, des Astor, des Vanderbilt et des Rothschild de France, d'Angleterre ou d'Autriche !

Et, comme ledit personnage ne donnait pas signe de vie, voici que des offres fermes lui furent faites pour l'engager à dissiper le mystère qui l'entourait. Le monde entier devint un marché public, une bourse universelle où se débattaient d'invraisemblables enchères. Deux fois par jour, les journaux en indiquaient le chiffre, et elles allaient toujours croissant de millions en millions !

En somme, ce furent les États-Unis qui, après une mémorable séance du Congrès, l'emportèrent grâce au vote de vingt millions de dollars, soit cent millions de francs.

Eh bien, il ne se rencontra pas un seul citoyen en Amérique, à quelque classe de la société qu'il appartînt, pour trouver ce chiffre exagéré, tant on attachait d'importance à la possession de ce prodigieux engin de locomotion. Et moi, tout le premier, je ne cessais de répéter à la bonne Grad que « ça valait plus que ça ! »

Sans doute, les autres nations n'étaient pas de cet avis, car leurs enchères s'arrêtèrent au-dessous de ce chiffre. Et alors éclatèrent tous les propos de rivaux battus... L'inventeur ne se fera pas connaître... Il n'existe pas... Il n'a jamais existé... C'est un mystificateur de grande allure... D'ailleurs, sait-on s'il n'a pas péri avec sa machine, au fond de quelque précipice, englouti dans les profondeurs de la mer ?... Les journaux de l'Ancien Monde s'en payèrent dans les grands prix...

Par malheur, le temps se passait. Aucune nouvelle de notre homme, aucune réponse de lui... Il n'était plus signalé nulle part... On ne l'avait pas revu depuis son évolution sur les parages du lac Supérieur !...

Pour mon compte, ne sachant que penser, je commençais à perdre tout espoir d'une solution de cette étrange affaire.

Or, dans la matinée du 15 juillet, voici qu'une lettre sans timbre fut trouvée dans la boîte de l'hôtel de la police.

Après que les autorités en eurent pris connaissance, on la communiqua aux journaux de Washington, qui la publièrent dans un numéro spécial, en en donnant le fac-similé.

Elle était conçue en ces termes :

IX

Seconde lettre

« À bord de l'*Épouvante*,
« Ce 15 juillet.

« À l'Ancien et au Nouveau Monde,

« Les propositions émanant des divers États de l'Europe, comme celles qui ont été faites en dernier lieu par les États-Unis d'Amérique, ne peuvent attendre d'autre réponse que la présente :

« C'est un refus absolu et définitif du prix offert pour l'acquisition de mon appareil.

« Cette invention ne sera ni française, ni allemande, ni autrichienne, ni russe, ni anglaise, ni américaine.

« L'appareil restera ma propriété, et j'en ferai l'usage qui me conviendra.

« Avec lui, j'ai tout pouvoir sur le monde entier, et il n'est pas de puissance humaine qui soit en mesure de lui résister dans n'importe quelle circonstance.

« Qu'on n'essaie pas de s'en emparer. Il est et sera hors de toute atteinte. Le mal qu'on voudrait me faire, je le rendrais au centuple.

« Quant au prix qui m'est proposé, je le dédaigne, je n'en ai pas besoin. D'ailleurs, le jour où il me plairait d'avoir des millions ou des milliards, je n'aurais qu'à étendre la main pour les prendre.

« Que l'Ancien et le Nouveau Continent le sachent, ils ne peuvent rien contre moi, et je puis tout contre eux.

« Et cette lettre, je la signe :

« Maître du Monde. »

X

Hors la loi

Telle était la lettre adressée au gouvernement des États-Unis, déposée à l'hôtel de la police, sans l'intermédiaire de la poste. Quant à l'individu qui l'avait apportée pendant la nuit du 14 au 15 juillet, personne ne l'avait aperçu.

Cependant un assez grand nombre d'impatients affluaient encore après le coucher du soleil et jusqu'à son lever aux abords de l'hôtel. Il est vrai, comment eussent-ils vu le porteur de cette lettre – peut-être son auteur lui-même –, se glissant le long du trottoir et la jetant dans la boîte ?... Il faisait nuit, une nuit de nouvelle lune. On ne s'apercevait pas d'un côté de la rue à l'autre.

J'ai dit que cette lettre avait paru en fac-similé dans les journaux auxquels les autorités la communiquèrent dès la première heure. Or, il ne faudrait pas s'imaginer que l'impression qu'elle causa eût été tout d'abord celle-ci :

« C'est là l'œuvre d'un mauvais plaisant ! »

Non, cette impression, c'était bien celle que j'avais ressentie, lorsque la lettre du Great-Eyry m'était arrivée cinq semaines auparavant. Mais, pour tout dire, persistait-elle encore dans mon esprit ?... Le raisonnement ne l'avait-il pas quelque peu modifiée ?... Quoi qu'il en soit, je l'éprouvais avec moins d'assurance et, en réalité, je ne savais plus trop que penser.

D'ailleurs, ce n'est pas cette impression qui se dégageait, ni à Washington ni en aucune partie de l'Union. Effet très naturel, somme toute. Aussi, dans la disposition des esprits, à qui eût soutenu que la lettre ne devait pas être prise au sérieux, l'immense majorité se fût hâtée de répondre :

« Elle n'est pas de la main d'un mystificateur !... Celui qui l'a écrite c'est bien l'inventeur de l'insaisissable appareil ! »

Donc, la question ne semblait faire doute pour personne, grâce à un curieux état de mentalité assez compréhensible. À tous ces faits étranges, dont la clef manquait, on donnait maintenant une explication formelle.

Et cette explication, la voici :

Si l'inventeur a disparu depuis un certain temps, il vient de se révéler par un nouvel acte... Loin d'avoir péri par suite d'accident, il s'est retiré dans un endroit où la police n'a pu le découvrir... Et alors, pour répondre aux propositions du gouvernement, il a écrit cette lettre... Mais, au lieu de la mettre à la poste dans n'importe quelle localité, d'où elle fût parvenue à son adresse, il est venu dans la capitale des États-Unis la déposer lui-même et, ainsi que le marquait la note officielle, à l'hôtel de la police.

Eh bien, si ce personnage avait compté que cette nouvelle preuve de son existence ferait quelque bruit dans les deux mondes, il allait être servi à souhait. Ce jour-là, des millions de lecteurs qui lurent et relurent leur journal – pour employer la phrase bien connue – « ne voulaient pas en croire leurs yeux » de ce qu'ils lisaient.

L'écriture de cette lettre, que je ne cessais d'examiner, se composait de mots tracés d'une plume lourde. Assurément, un graphologue eût distingué en ces lignes les signes d'un tempérament violent, d'un caractère peu commode.

Un cri m'échappa alors, – un cri que Grad n'entendit pas heureusement. Comment n'avais-je pas remarqué plus tôt la ressemblance d'écriture entre cette lettre et celle qui m'était venue de Morganton ?...

Et puis – coïncidence plus significative encore –, les initiales qui lui servaient de signature, ces majuscules n'étaient-elles pas celles des trois mots «Maître du Monde » ?... Et où fut écrite cette lettre ?... À bord de l'*Épouvante*... Et ce nom, c'était celui du triple appareil commandé par cet énigmatique capitaine !...

Ainsi elles étaient de sa main, ces lignes, comme celles de la première lettre, qui me menaçaient si j'osais renouveler ma tentative au Great-Eyry !...

Je me levai, je pris dans mon bureau la lettre du 13 juin, je la comparai avec le fac-similé du journal... Aucune hésitation possible ! Même écriture si singulière, et due à la même main !

Et alors, mon cerveau travaillant, je cherchai à établir les conséquences de ce rapprochement connu de moi seul, de cette identité de l'écriture des deux lettres, dont l'auteur ne pouvait être que le commandant de cette *Épouvante,* – terrible nom qui n'était que trop justifié !...

Et alors, je me demandais si cette coïncidence permettrait de reprendre les recherches dans des conditions moins incertaines ?... Pourrions-nous lancer nos agents sur une piste plus sérieuse qui les conduirait au but ?... Enfin, quelle relation existait-il entre l'*Épouvante* et le Great-Eyry, quels rapports entre les phénomènes des Montagnes-Bleues et les non moins phénoménales apparitions du fantastique appareil ?...

Je fis ce qu'il y avait à faire, et, la lettre dans ma poche, je me rendis à l'hôtel de la police.

Je demandai si M. Ward se trouvait à son cabinet. Réponse affirmative m'ayant été faite, je me précipitai vers la porte, j'y frappai peut-être un peu plus fort qu'il n'eût convenu, et, sur le mot « entrez ! », je bondis tout haletant devant le bureau.

M. Ward avait précisément sous les yeux la lettre publiée par les journaux, non point le fac-similé, mais l'original lui-même, qui avait été déposé dans la boîte de l'hôtel.

« Vous savez quelque chose de nouveau, Strock ?...

– Jugez-en, monsieur Ward !... »

J'avais tiré de ma poche la lettre aux initiales.

M. Ward la prit, il en examina le recto, et, avant de la lire :

« Qu'est-ce que cette lettre ?... dit-il.

– Une lettre signée d'initiales, comme vous pouvez le voir...

– Et où avait-elle été mise à la poste ?

– Au bureau de Morganton, dans la Caroline du Nord...

– Quant l'avez-vous reçue ?...

– Le 13 juin dernier... il y a un mois environ...

– Qu'avez-vous pensé tout d'abord ?...

– Qu'elle avait été écrite par un mauvais plaisant...

– Et... aujourd'hui... Strock ?...

– Je pense ce que vous penserez, sans doute, monsieur Ward, après en avoir eu connaissance. »

Mon chef reprit la lettre et la lut jusqu'à la dernière ligne.

« Elle a pour signature trois initiales ?... observa-t-il.

– Oui, monsieur Ward, et ces initiales sont celles des trois mots « Maître du Monde », du fac-similé...

– Dont voici l'original, répondit M. Ward en se levant.

– Il est évident, ajoutai-je, que les deux lettres sont de la même main...

– De la même main, Strock...

– Vous voyez, monsieur Ward, quelles menaces me sont adressées, si je faisais une seconde tentative pour pénétrer dans le Great-Eyry...

– Oui... des menaces de mort !... Mais, Strock, il y a un mois que vous avez reçu cette lettre... Pourquoi ne pas me l'avoir montrée plus tôt ?...

– Parce que je n'y attachais aucune importance... Aujourd'hui, après celle venue de l'*Épouvante,* il m'a bien fallu la prendre au sérieux...

– En quoi je vous approuve, Strock... Le fait me paraît grave, et je me demande s'il ne serait pas de nature à nous mettre sur la piste de cet étrange personnage...

– C'est aussi ce que je me suis demandé, monsieur Ward...

– Seulement... quel rapport peut-il exister entre l'*Épouvante* et le Great-Eyry ?...

– À cela je ne sais que répondre, et je ne puis l'imaginer...

– Il n'y aurait qu'une explication, reprit M. Ward, en vérité peu admissible, pour ne pas dire impossible...

– Et laquelle ?...

– Ce serait que le Great-Eyry fût précisément le lieu, choisi par l'inventeur, où il remise son matériel...

– Par exemple !... m'écriai-je. Et de quelle façon y entrerait-il... en sortirait-il ?... Après ce que j'ai vu, monsieur Ward, votre explication est inacceptable...

– À moins que, Strock...

– À moins que ?... répétai-je.

– Que l'appareil de ce Maître du Monde n'ait aussi des ailes qui lui permettraient d'aller nicher dans le Great-Eyry !... »

À l'idée que l'*Épouvante* serait capable de rivaliser avec les vautours et les aigles, je ne pus retenir un vif mouvement d'incrédulité, et assurément M. Ward ne s'arrêta point à cette hypothèse.

D'ailleurs, il avait repris les deux lettres, il les comparait de nouveau, il en examinait l'écriture au moyen d'une petite loupe, il constatait leur parfaite ressemblance. Non seulement la même main, mais la même plume les avait tracées... Et puis, cette corrélation entre les initiales de l'une et le Maître du Monde de l'autre !...

Après quelques instants de réflexion, M. Ward me dit :

« Je garde votre lettre, Strock, et, décidément, je pense que vous êtes destiné à jouer un rôle important dans cette bizarre affaire... ou plutôt dans ces deux affaires !... Quel lien les rattache, je ne saurais le deviner, mais, à mon avis, ce lien existe... Vous avez été mêlé à la première, et il ne serait pas étonnant que vous fussiez mêlé à la seconde...

– Je le souhaite, monsieur Ward, et cela ne doit pas vous surprendre de la part du curieux...

– Que vous êtes, Strock !... C'est entendu, et je ne puis que vous répéter : Tenez-vous prêt à partir au premier signal. »

Je quittai l'hôtel de la police sous cette impression que l'on ferait à bref délai appel à mon concours. Mes deux agents et moi, nous serions partis en moins d'une heure, M. Ward pouvait y compter.

Cependant les esprits étaient de plus en plus montés depuis le refus opposé par le capitaine de l'*Épouvante* aux offres du gouvernement américain. On le sentait à la Maison-Blanche et au ministère, l'opinion publique ordonnait d'agir... Il est vrai, de quelle façon ?... Où retrouver le Maître du Monde, et, s'il réapparaissait quelque part, comment s'emparer de sa personne ?... . Il y avait toujours en son cas des choses inexplicables. Que sa machine fût douée d'une prodigieuse vitesse, nul doute. Mais comment avait-il pu pénétrer dans ce lac de Kirdall, sans communication avec le dehors, comment en était-il sorti ?... Puis, l'on venait, en dernier lieu, de le signaler à la surface du lac Supérieur, et, je le répète, sans avoir été aperçu sur ce parcours de huit cents milles qui sépare les deux lacs !...

En vérité, quelle affaire, et que de choses inexplicables !... Raison de plus pour la pousser à fond... Puisque les millions de dollars avaient échoué, il fallait recourir à la force... L'inventeur et son invention n'étaient pas à acheter, et on sait en quels termes hautains et menaçants il exprimait son refus !... Soit ! il serait considéré comme un malfaiteur contre lequel tous les moyens deviendraient légitimes, qui le mettraient hors d'état de nuire !... La sécurité non seulement en Amérique, mais dans le monde entier l'exigeait... L'hypothèse qu'il eût péri dans quelque catastrophe ne pouvait même plus être admise, depuis sa fameuse lettre du 15 juillet dernier... Il était vivant, bien vivant, et sa vie constituait un danger public, un danger de tous les instants !...

Sous l'influence de ces idées, le gouvernement fit paraître la note suivante :

« Puisque le commandant de l'*Épouvante* se refuse à traiter de la cession de son secret, même au prix de ces millions qui lui sont offerts, puisque l'emploi qu'il fait de sa machine constitue un péril contre lequel il est impossible de se prémunir, ledit commandant est mis hors la loi. Sont approuvées d'avance toutes mesures qui auront pour résultat de détruire son appareil et lui. »

C'était la guerre déclarée, la guerre à outrance contre ce Maître du Monde, qui se croyait de force à braver toute une nation, la nation américaine !

À partir de ce jour, des primes considérables furent assurées à quiconque découvrirait la retraite de ce dangereux personnage, à quiconque parviendrait à s'emparer de sa personne, à quiconque en débarrasserait le pays.

Telle était la situation pendant la dernière quinzaine de juillet. Or, à bien y réfléchir, que conclure si ce n'est que seul le hasard pourrait la dénouer ? Ne fallait-il pas, tout d'abord, que ce « hors-la-loi » reparût quelque part, qu'il fût aperçu et signalé, que les circonstances se prêtassent à son arrestation ?... Ce n'est pas lorsqu'il serait automobile sur terre, bateau sur mer, sous-marin entre deux eaux, que l'appareil pourrait être arrêté. Non ! il serait nécessaire qu'il fût pris à l'improviste avant d'avoir réussi à s'échapper grâce à cette vitesse que nul engin de locomotion ne pouvait égaler.

J'étais donc sur le qui-vive, attendant un ordre de M. Ward pour partir avec mes agents. Et l'ordre n'arrivait pas, pour cette bonne raison que celui qu'il concernait demeurait invisible.

La fin du mois de juillet approchait. Les journaux ne cessaient d'entretenir leurs lecteurs de l'affaire. Parfois, de nouvelles informations se produisaient, qui surexcitaient la curiosité publique. D'autres pistes étaient indiquées. En somme, rien de sérieux. Les télégrammes se croisaient sur toute l'étendue du territoire, se contredisaient et se détruisaient. On le comprend, d'ailleurs, l'appât de primes énormes ne pouvait qu'engendrer des erreurs, même de bonne foi. Un jour, c'était le véhicule qui passait comme une trombe... Un autre, c'était le bateau qui venait de se montrer à la surface de l'un de ces lacs si nombreux en Amérique... Puis c'était le submersible qui évoluait près du littoral... Au vrai, pur effet d'imagination en travail, chez des esprits, aussi surexcités qu'effrayés, voyant toutes ces apparitions à travers le verre grossissant des primes !...

Enfin, à la date du 29 juillet, je reçus de mon chef l'ordre de passer à son cabinet sans perdre un instant.

Vingt minutes après, j'étais en sa présence.

« Soyez parti dans une heure, Strock... me dit-il.

– Pour ?...

– Pour Toledo.

– Il a été vu ?...

– Oui... et, là, vous aurez des renseignements.

– Dans une heure, mes agents et moi, nous serons en route...

– Bien, Strock, et je vous donne l'ordre formel...

– Lequel, monsieur Ward ?...

– De réussir... cette fois... de réussir ! »

XI

En campagne

Ainsi, l'introuvable capitaine venait de réapparaître en un point du territoire des États-Unis. Il n'avait été se montrer ni sur les routes ni sur les mers de l'Europe. Tout cet Atlantique qu'il eût mis moins de quatre jours à traverser, il ne l'avait pas franchi... Était-ce donc la seule Amérique dont il faisait le théâtre de ses expériences, et devait-on en conclure qu'il fût américain ?

Qu'on ne s'étonne pas si j'insiste sur ce point que le submersible aurait pu franchir la vaste mer qui sépare le Nouveau de l'Ancien Continent. Sans parler de sa vitesse qui lui assurait un voyage de courte durée comparé à la marche des plus rapides paquebots de l'Angleterre, de la France ou de l'Allemagne, il n'avait, en somme, rien à craindre des mauvais temps qui désolent ces parages. La houle n'existait pas pour lui. Il lui suffisait d'abandonner la surface des eaux pour trouver le calme absolu à quelque vingtaine de pieds au-dessous.

Mais enfin, il ne l'avait pas tenté, ce voyage à travers l'Atlantique, et, si sa capture réussissait, ce serait dans l'Ohio probablement, puisque Toledo est une des villes de cet État.

Du reste, le secret avait été bien gardé entre l'hôtel de la police et l'agent de qui était venue la nouvelle, et avec lequel j'allais être en relation. Aucun journal – et il l'eût payée cher – n'en avait eu la primeur. Il importait qu'elle ne fût point dévoilée avant que cette campagne eût pris fin. Nulle indiscrétion ne serait commise ni par mes compagnons ni par moi.

L'agent auquel j'étais adressé, avec un mandat de M. Ward, se nommait Arthur Wells et m'attendait à Toledo.

On le sait, nos préparatifs de départ étaient faits depuis quelque temps déjà. Trois valises peu encombrantes, – pour tout bagage, en prévision de ce que notre absence risquait de se prolonger. John Hart, Nab Walker s'étaient munis de revolvers de poche. Je fis comme eux. Qui sait si nous n'aurions pas à attaquer ou même à nous défendre ?...

La ville de Toledo est bâtie à l'extrême pointe du lac Érié dont les eaux baignent les côtes septentrionales de l'Ohio. Le rapide, où trois places nous avaient été réservées, traversa pendant la nuit la Virginie orientale et l'Ohio. Nous n'eûmes à subir aucun retard et, dès huit heures du matin, la locomotive s'arrêtait en gare de Toledo.

Sur le quai attendait Arthur Wells. Prévenu de l'arrivée de l'inspecteur principal Strock, il avait, ainsi qu'il me l'apprit, grand'hâte de s'être mis en rapport avec moi, et je lui rendais bien la pareille.

À peine avais-je mis pied à terre que je devinai mon homme, occupé à dévisager les voyageurs.

J'allai à lui.

« Monsieur Wells ?... dis-je.

– Monsieur Strock ?... me répondit-il.

– Moi-même.

– À votre disposition... ajouta M. Wells.

– Devons-nous rester quelques heures à Toledo ? demandai-je.

– Non, avec votre permission, monsieur Strock... Un break, attelé de deux bons chevaux, est dans la cour de la gare, et il faut partir à l'instant, afin d'être sur place avant le soir...

– Nous vous accompagnons, répondis-je en faisant signe à mes deux agents de nous suivre. Allons-nous loin ?...

– Une vingtaine de milles...

– Et l'endroit se nomme ?...

– La crique de Black-Rock. »

Cependant, bien que nous dussions gagner au plus vite cette crique, il parut bon de choisir un hôtel où seraient déposées nos valises. Ce choix fut facile, grâce à M. Arthur Wells, dans une ville qui compte cent trente mille habitants.

La voiture nous conduisit à White-Hotel, et, après un rapide déjeuner, dès dix heures, nous étions en route.

Le break contenait quatre places, plus celle du coachman. Les provisions, renfermées dans ses coffres, devaient nous suffire plusieurs jours au besoin. La crique de Black-Rock, absolument déserte, que ne fréquentaient ni les campagnards des environs ni les pêcheurs, n'eût fourni aucune ressource. Pas une auberge pour y manger, pas une chambre pour y coucher. Nous étions en pleine saison chaude, dans ce mois de juillet où le soleil ne ménage pas ses ardeurs. Donc, rien à craindre de la température, s'il fallait passer une ou deux nuits à la belle étoile.

Très probablement, d'ailleurs, si notre tentative devait réussir, ce serait l'affaire de quelques heures. Ou le capitaine de l'*Épouvante* serait surpris avant d'avoir pu s'échapper, ou il prendrait la fuite, et il faudrait renoncer à tout espoir de l'arrêter.

Arthur Wells, âgé d'une quarantaine d'années, était un des meilleurs agents de la police fédérale. Vigoureux, hardi, entreprenant, plein de sang-froid, il avait fait ses preuves en mainte occasion, parfois au péril de sa vie. Il inspirait confiance à ses chefs, qui en faisaient grand cas. C'était pour une tout autre affaire qu'il se trouvait en mission à Toledo, lorsque le hasard venait le mettre sur la piste de l'*Épouvante*.

Sous le fouet du coachman le break roulait rapidement, le long du littoral de l'Érié, et se dirigeait vers sa pointe sud-ouest. Cette vaste plaine liquide est située entre le territoire canadien, au nord, et les États de l'Ohio, de la Pennsylvanie et de New York. Si j'indique la disposition géographique de ce lac, sa profondeur, son étendue, les cours d'eau qui l'alimentent, les canaux par lesquels s'épanche son trop plein, ce n'est point inutile pour le récit qui va suivre.

La superficie de l'Érié n'est pas inférieure à vingt-quatre mille sept cent soixante-huit kilomètres carrés. Son altitude le place à près de six cents pieds au-dessus du niveau de la mer. Il est en communication par le nord-ouest avec le lac Huron, le lac Saint-Clair et la rivière Detroit, qui lui envoient leurs eaux, et il reçoit des affluents de moindre importance, tels le Rocky, le Guyahoga, le Black. Quant à son déversement, il s'effectue au nord-est dans le lac Ontario, entre les rives du Niagara aux célèbres chutes.

La plus grande profondeur que la sonde ait déterminée dans l'Érié se chiffre par cent trente-cinq pieds. On voit combien est considérable la masse de ses eaux. En somme, c'est ici, et par excellence, la région de ces magnifiques lacs qui se succèdent entre le territoire canadien et les États-Unis d'Amérique.

Dans cette région, bien que située sous le quarantième degré de latitude, le climat est très froid l'hiver, et les courants des régions arctiques, que nul obstacle n'arrête, s'y précipitent avec une extrême violence. On ne s'étonnera donc pas que l'Érié soit entièrement gelé à sa surface pendant la période du mois de novembre au mois d'avril de chaque année[1].

Quant aux principales villes que possèdent les rives de ce grand lac, les voici : Buffalo, qui appartient à l'État de New York, et Toledo, l'une à l'est, l'autre à l'ouest ; Cleveland et Sandusky, qui appartiennent à l'État de l'Ohio, au sud. En outre, des bourgades moins importantes, de simples villages sont établis sur le littoral. Aussi l'activité commerciale de l'Érié est-elle considérable, et le trafic annuel n'est pas évalué à moins de deux millions deux cent mille dollars[2].

Le break suivait une route assez sinueuse qui se raccordait aux multiples indentations de la rive.

Tandis que le coachman poussait son attelage au grand trot, je m'entretenais avec Arthur Wells, et c'est ainsi que je fus mis au courant de ce qui avait motivé la dépêche adressée par lui à l'hôtel de la police de Washington.

Quarante-huit heures avant, l'après-midi du 27 juillet, Wells se dirigeait à cheval vers la petite bourgade de Hearly, et, à cinq milles de là, traversait un petit bois, lorsqu'il aperçut un sous-marin qui remontait à la

---

[1] Au 12 avril 1867, l'auteur se trouvait à Buffalo, alors que l'*Érié* était pris sur toute son étendue.

[2] 11 millions de francs.

surface du lac. Il s'arrêta, il mit pied à terre, et, à l'abri d'un fourré, il avait vu, de ses yeux vu, ce sous-marin s'arrêter au fond de la crique de Black-Rock. Était-ce l'insaisissable appareil qui venait d'émerger, puis d'accoster, – celui des parages de Boston, celui du lac Kirdall ?...

Lorsque ce submersible fut au bas des roches, deux hommes sautèrent sur la grève. L'un d'eux était-il ce Maître du Monde, dont on n'entendait plus parler depuis sa dernière apparition sur le lac Supérieur... Était-ce cette mystérieuse *Épouvante* qui revenait des profondeurs de l'Érié ?...

« J'étais seul, dit Wells, seul au fond de cette crique... Si vous aviez été là avec vos agents, monsieur Strock, à quatre contre deux, nous aurions pu tenter le coup, appréhender ces hommes avant qu'ils pussent se rembarquer et prendre la fuite...

– Assurément, répondis-je. Mais n'y en avait-il pas d'autres à bord ?... N'importe, si on avait tenu ceux-là, peut-être aurions-nous appris qui ils étaient...

– Et surtout, ajouta Wells, si l'un d'eux était le capitaine de l'*Épouvante*...

– Je n'ai qu'une crainte, Wells, c'est que ce submersible, quel qu'il soit, ait quitté la crique depuis votre départ...

– Nous le saurons dans quelques heures, et fasse le Ciel que nous l'y retrouvions !... Alors, à la tombée de la nuit...

– Mais, demandai-je, vous n'êtes pas resté jusqu'au soir dans le petit bois ?...

– Non... je suis parti vers cinq heures, et, le soir, j'arrivais à Toledo, d'où j'ai passé une dépêche à Washington...

– Hier, êtes-vous retourné à la crique de Black-Rock ?...

– Oui.

– Le sous-marin y était encore ?...

– À la même place.

– Et les deux hommes ?...

– Les deux hommes aussi... À mon avis, quelque avarie à réparer les aura amenés dans cet endroit désert...

– C'est probable, dis-je, une avarie qui les empêchait de regagner leur retraite habituelle... Puisse-t-il en en être ainsi !...

– J'ai lieu de le croire, car une partie du matériel avait été déposée sur la grève, et, autant que j'ai pu le constater sans donner l'éveil, il m'a semblé qu'on travaillait à bord...

– Ces deux hommes seulement ?...

– Seulement.

– Et cependant, observai-je, était-ce là un personnel suffisant pour manœuvrer un appareil de grande vitesse, tantôt automobile, tantôt bateau ou sous-marin ?...

– Je ne le pense pas, monsieur Strock... Mais, ce jour-là, je n'ai revu que les deux hommes de la veille... Plusieurs fois, ils vinrent jusqu'au petit bois où je me tenais caché, ils coupaient quelques branches, ils faisaient du feu sur le sable. Cette crique est si déserte qu'ils ne pouvaient y être rencontrés et ils devaient le savoir...

– Vous les reconnaîtriez ?...

– Parfaitement... l'un, de moyenne taille, vigoureux, les traits durs, toute sa barbe... l'autre trapu, plus petit... Puis, comme la veille, je suis reparti vers cinq heures. Rentré à Toledo, on m'a remis un télégramme de M. Ward me prévenant de votre arrivée, et je suis allé vous attendre à la gare. »

Voici qui était formel : Depuis trente-six heures, le submersible avait fait relâche à la crique de Black-Rock, en vue de réparations indispensables probablement, et peut-être, par bonne fortune, l'y trouverions-nous encore... Quant à la présence de l'*Épouvante* sur l'Érié, elle s'expliquait naturellement, Arthur Wells et moi nous dûmes en convenir. La dernière fois que l'appareil avait été vu, c'était à la surface du lac Supérieur. Or, la distance entre ce lac et l'Érié, il avait pu la franchir soit par terre, en suivant les routes du Michigan jusqu'à la rive occidentale du lac, soit par eau, en remontant le cours de Detroit-river, peut-être même entre deux eaux. Toutefois, son passage sur route n'avait point été signalé, bien que la police surveillât cet État avec autant de soin que n'importe quel autre du territoire américain... Restait donc l'hypothèse que l'automobile se fût changée en bateau ou en sous-marin. Dans ces conditions, le capitaine et ses compagnons auraient pu, sans donner l'éveil, atteindre les parages de l'Érié.

Et maintenant, si l'*Épouvante* avait déjà abandonné la crique, ou si elle nous échappait lorsque nous tenterions de l'arrêter, la partie serait-elle perdue ?... Je ne sais. En tout cas, elle serait très compromise.

Je n'ignorais pas que deux destroyers se trouvaient actuellement au port de Buffalo, à l'extrémité de l'Érié. Avant mon départ de Washington, M. Ward m'avait avisé de leur présence. Un télégramme aux commandants de ces destroyers suffirait, si besoin était de les lancer à la poursuite de l'*Épouvante*. Mais comment la gagner en vitesse, et, lorsqu'elle se changerait en sous-marin, comment l'attaquer à travers les eaux de l'Érié, où elle aurait cherché refuge ?... Arthur Wells convenait que, dans cette lutte inégale, l'avantage ne serait pas pour les destroyers. Donc, dès la nuit prochaine, si nous ne réussissions pas, la campagne serait manquée !

Wells m'avait dit que la crique de Black-Rock était peu fréquentée. La route même qui conduit de Toledo à la bourgade de Hearly, quelques milles plus loin, s'en écarte à une certaine distance. Notre break, lorsqu'il arriverait à la hauteur de la crique, ne pouvait être aperçu du littoral. Après avoir atteint la pointe du bois qui la masque, il lui serait facile de s'abriter sous les arbres. De là, mes compagnons et moi, la nuit venue nous viendrions prendre poste sur la lisière du côté de l'Érié, et nous aurions toute facilité d'observer ce qui se ferait au fond de la crique.

D'ailleurs, Wells la connaissait bien, cette crique. Il l'avait plus d'une fois visitée, depuis son séjour à Toledo. Bordée de roches taillées presque à pic que battaient les eaux du lac, la profondeur sur tout son périmètre mesurait une trentaine de pieds.

L'*Épouvante* pouvait donc accoster, soit immergée, soit émergée, le fond de la crique. À deux ou trois endroits, ce littoral, coupé de brèches, se raccordait avec la grève sablonneuse qui s'étendait jusqu'à la lisière du petit bois sur une longueur de deux à trois cents pieds.

Il était sept heures du soir, lorsque notre break, après une halte à mi-chemin, atteignit l'extrémité du bois. Il faisait trop jour encore pour gagner, même à l'abri des arbres, le bord de la crique. C'eût été s'exposer à être vus, et, en admettant que l'appareil fût encore à cette place, il aurait vite fait de prendre le large, à la condition, toutefois, que ses réparations fussent achevées.

« Est-ce ici que nous faisons halte ?... demandai-je à Wells, lorsque le break s'arrêta à la lisière du bois...

– Non, monsieur Strock, me répondit-il. Mieux vaut établir notre campement à l'intérieur. Nous sommes certains de ne pas être dépistés...

– La voiture peut-elle circuler sous ces arbres ?...

– Elle le peut, déclara Wells. J'ai déjà parcouru ce bois en tout sens. Dans une clairière, à cinq ou six cents pas d'ici, nos chevaux trouveront à pâturer... Dès que l'obscurité le permettra, nous descendrons la grève jusqu'au pied des roches qui encadrent le fond de la crique. »

Il n'y avait qu'à suivre les conseils de Wells. L'attelage, conduit par la bride, mes compagnons et moi à pied, nous franchîmes la lisière.

Les pins maritimes, les chênes verts, les cyprès, irrégulièrement groupés, se pressaient à l'intérieur. Sur le sol s'étendait un épais tapis d'herbes mêlées de feuilles mortes. Telle était l'épaisseur des hautes frondaisons que les derniers rayons du soleil, au moment de disparaître, ne parvenaient point à les pénétrer. De routes, de sentiers même on ne voyait trace. Cependant, non sans quelques heurts, le break eut atteint la clairière en moins de dix minutes.

Cette clairière, entourée de grands arbres, formait une sorte d'ovale, que revêtait une herbe verdoyante. Il y faisait jour encore, et l'ombre ne l'envahirait que dans une heure. Le temps ne manquerait donc pas pour organiser la halte, et nous reposer d'un voyage assez fatigant sur une route passablement cahoteuse.

Assurément, notre désir était impérieux de gagner la crique, de voir si l'*Épouvante* était toujours là... Mais la prudence nous retint. Un peu de patience, et l'obscurité permettrait d'atteindre la crique, sans risquer d'être aperçus. Ce fut l'avis de Wells, et il me parut bon de m'y conformer.

Les chevaux, dételés et laissés libres sur le pâturage, resteraient sous la garde de leur conducteur pendant notre absence. Les coffres du break ouverts, John Hart et Nab Walker en tirèrent des provisions qui furent déposées sur l'herbe au pied d'un superbe cyprès, lequel me rappelait les essences forestières du district de Morganton et de Pleasant-Garden. Nous avions faim, nous avions soif. Le boire et le manger ne feraient pas défaut. Puis les pipes furent allumées en attendant l'instant de partir.

Silence complet à l'intérieur du bois. Les derniers chants d'oiseaux avaient cessé. Avec le soir, la brise tombait peu à peu, et les feuilles tremblaient à peine aux pointes des plus hautes branches. Le ciel s'assombrit rapidement dès le coucher du soleil et l'obscurité succéda au crépuscule.

Je regardai ma montre. Elle marquait huit heures et demie.

« Il est temps, Wells...

– Quand vous voudrez, monsieur Strock.

– Partons alors. »

Recommandation expresse fut faite au conducteur de ne point laisser ses chevaux s'éloigner du pâturage pendant notre absence.

Wells prit les devants. Je marchais derrière lui, suivi de John Hart et de Nab Walker. Au milieu des ténèbres, nous aurions eu grand-peine à nous diriger, si Wells n'eût servi de guide.

Enfin, nous sommes sur la lisière du bois. Devant s'étend la grève, jusqu'à la crique de Black-Rock.

Tout est silencieux, tout est désert. On peut se hasarder sans risques. Si l'*Épouvante* est là, c'est au revers des roches qu'elle a dû prendre son mouillage.

Mais y est-elle encore ?... C'est la question, la seule, et, je l'avoue, à l'approche du dénouement de cette passionnante affaire, le cœur me bat dans la poitrine.

Wells fait signe d'avancer... Le sable de la grève crie sous nos pieds... Deux cents pas à faire, quelques minutes suffisent, et nous voici à l'entrée de l'une des passes qui conduisent au bord du lac...

Rien... rien !... La place où Wells a laissé l'*Épouvante,* vingt-quatre heures avant, est vide !... Le Maître du Monde n'est plus à la crique de Black-Rock.

XII

La crique de Black-Rock

On sait combien la nature humaine est portée aux illusions. Certes, des chances existaient pour que l'appareil tant recherché ne fût plus à cette place... en admettant que ce fût lui dont Wells avait observé l'émersion dans l'après-midi du 27... Si quelque avarie survenue à son triple système de locomotion l'avait empêché de regagner par terre ou par eau sa retraite et obligé à relâcher au fond de la crique de Black-Rock, que devions-nous penser enfin, ne l'y voyant plus ?... C'est que, réparations faites, il s'était remis en route, c'est qu'il avait abandonné ces parages du lac Érié...

Eh bien, ces éventualités, si probables pourtant, nous n'avions pas voulu les admettre à mesure que cette journée s'avançait. Non ! nous ne doutions plus ni qu'il s'agissait bien de l'*Épouvante,* ni qu'elle ne fût mouillée au pied des roches, là où Wells avait pu constater sa présence...

Et alors, quel désappointement, je dirai même quel désespoir ! Toute notre campagne réduite à néant ! Si l'*Épouvante* naviguait encore sur ou sous les eaux du lac, la retrouver, la rejoindre, la capturer, c'était hors de notre pouvoir, et – pourquoi s'illusionner à cet égard ? – hors de tout pouvoir humain !

Nous restions là anéantis, Wells et moi, tandis que John Hart et Nab Walker, non moins dépités, se portaient sur divers points de la crique.

Et, cependant, nos mesures étaient bien prises, elles avaient toutes chances de succès. Si, au moment de notre arrivée, les deux hommes, signalés par Wells, eussent été sur la grève, nous aurions pu – en rampant – arriver jusqu'à eux, les surprendre, les saisir avant qu'ils ne se fussent embarqués... S'ils avaient été à bord, derrière les roches, nous aurions attendu leur descente à terre, et il eût été facile de leur couper la retraite !... Vraisemblablement, puisque, le premier jour comme le second, Wells n'avait jamais aperçu que ces deux hommes, c'est que l'*Épouvante* ne comptait pas un personnel plus nombreux !

Voilà ce que nous avions pensé, voilà de quelle façon nous aurions opéré !... Mais, par malheur, l'*Épouvante* n'était plus là !

Posté à l'extrémité de la passe, je n'échangeais que quelques paroles avec Wells. Et était-il besoin de parler pour se comprendre ?... Après le dépit, la colère nous envahissait peu à peu... Avoir manqué notre coup, nous sentir impuissants à continuer comme à recommencer cette campagne !...

Près d'une heure s'écoula... et nous ne songions pas à quitter la place... Nos regards ne cessaient de fouiller ces épaisses ténèbres... Parfois une lueur, due au brasillement des eaux, tremblotait à la surface du lac, puis s'éteignait, et avec elle un espoir promptement déçu !... Parfois aussi, il nous semblait voir une silhouette se dessiner à travers l'ombre, – la masse d'un bateau qui se fût approché... Parfois encore, quelques remous s'arrondissaient, comme si la crique eût été troublée dans ses profondeurs !... Puis ces vagues indices disparaissaient presque aussitôt... Il n'y avait là qu'une illusion des sens, une erreur de notre imagination affolée !

Mais voici que nos compagnons nous rejoignirent, et ma première question fut :

« Rien de nouveau...

– Rien, dit John Hart.

– Vous avez fait le tour de la crique ?...

– Oui, répondit Nab Walker, et nous n'avons pas même vu quelque vestige du matériel que M. Wells avait rembarqué !...

– Attendons », dis-je, car je ne pouvais me décider à revenir vers le bois.

Or, à cet instant, notre attention fut attirée par une certaine agitation des eaux, qui se propageait jusqu'au bas des roches.

« C'est comme un clapotis, observa Wells.

– En effet, répondis-je en baissant instinctivement la voix. D'où provient-il ?... La brise est complètement tombée !... Est-ce un trouble qui se produit à la surface du lac ?...

– Ou au-dessous ?... », ajouta Wells, qui se courbait pour mieux entendre.

En effet, il y avait lieu de se demander si quelque bateau, dont le moteur eût provoqué cette agitation, ne se dirigeait pas vers le fond de la crique.

Silencieux, immobiles, nous essayions de percer cette profonde obscurité, tandis que le ressac s'accentuait contre les roches du littoral.

Cependant John Hart et Nab Walker avaient gravi vers la droite l'arête supérieure. Quant à moi, baissé au ras de l'eau, j'observais l'agitation, qui ne diminuait pas. Au contraire, elle devenait plus sensible, et je commençais à percevoir une sorte de battement régulier, pareil à celui que produit une hélice en mouvement.

« Plus de doute !... déclara Wells en se penchant jusqu'à moi, c'est un bateau qui s'approche...

– Assurément, répondis-je, et à moins qu'il n'y ait des cétacés ou des squales dans l'Érié...

– Non !... un bateau !... répétait Wells. Se dirige-t-il vers le fond de la crique, ou cherche-t-il à accoster plus haut ?...

– C'est ici que vous l'aviez vu par deux fois ?

– Oui, ici, monsieur Strock.

– Eh bien, si c'est le même – et ce ne peut être que lui –, il n'y a aucune raison pour qu'il ne revienne pas à la même place...

– Là... là ! » dit alors Wells en tendant la main vers l'entrée de la crique.

Nos compagnons venaient de nous rejoindre. À demi couchés tous quatre sur le bord de la grève, nous regardions dans la direction indiquée.

On distinguait vaguement une masse noire qui se mouvait au milieu de l'ombre. Elle s'avançait très lentement, et devait être encore à plus d'une encablure au nord-est. C'est à peine si, maintenant, le grondement de son moteur se faisait entendre. Peut-être, après avoir stoppé, le bateau ne marchait-il plus que sur son erre ?...

Ainsi donc, comme la veille, l'appareil allait passer la nuit au fond de la crique !... Pourquoi avait-il quitté ce mouillage, auquel il revenait ?... Avait-il subi de nouvelles avaries qui l'empêchaient de prendre le large ?... Ou s'était-il vu dans la nécessité de partir avant que ses réparations fussent achevées ?... Quelle raison le contraignait à regagner cette place ? Enfin, existait-il un motif impérieux pour lequel, après s'être transformé en automobile, il n'aurait pu se lancer sur les routes de l'Ohio ?...

Toutes ces questions se présentaient à mon esprit, et l'on comprendra qu'il ne me fût pas permis de les résoudre.

D'ailleurs, nous raisonnions toujours, Wells et moi, d'après la conviction que cet engin était bien celui du Maître du Monde, cette *Épouvante* d'où il avait daté sa lettre de refus aux propositions de l'État.

Et, cependant, cette conviction ne pouvait avoir la valeur d'une certitude, bien qu'elle nous parût telle !...

Enfin, quoi qu'il en fût, le bateau continuait à s'approcher, et, certainement, son capitaine connaissait parfaitement ces passes de Black-Rock, puisqu'il s'y aventurait en pleine obscurité. Pas un fanal à bord, pas une clarté de l'intérieur filtrant à travers les hublots. Par instants, on entendait la machine qui fonctionnait en douceur. Les clapotis du remous s'accentuaient et, avant quelques minutes, il serait « à quai ».

Si j'emploie cette expression usitée dans les ports, ce n'est pas sans justesse. En effet, les roches, en cet endroit, formaient plateau, à cinq ou six pieds au-dessus du niveau du lac, emplacement tout indiqué pour un accostage.

« Ne restons pas ici... dit Wells en me saisissant le bras.

— Non, répondis-je, nous risquerions d'être découverts. Il faut se blottir du côté de la grève... se cacher dans quelque anfractuosité et attendre...

— Nous vous suivons. »

Pas une minute à perdre. Peu à peu la masse s'approchait, et, sur le pont faiblement élevé au-dessus de l'eau, se montrait la silhouette de deux hommes.

Est-ce que, décidément, ils n'étaient que deux à bord ?...

Wells et moi, John Hart et Nab Walker, après avoir remonté la passe, nous rampions le long des roches. Des cavités s'évidaient çà et là. Je m'enfonçai avec Wells dans l'une, les deux agents dans l'autre.

Si les hommes de l'*Épouvante* descendaient sur la grève, ils ne pourraient nous voir, mais nous les verrions, et il y aurait lieu d'agir suivant les circonstances.

Au bruit qui se faisait du côté du lac, à diverses paroles échangées en langue anglaise, il était évident que le bateau venait d'accoster. Presque aussitôt, une amarre fut envoyée précisément à l'extrémité de la passe que nous venions de quitter.

En se glissant jusqu'à l'angle, Wells constata que l'amarre était halée par un des marins qui avait sauté à terre, et l'on put entendre le grappin racler le sol.

Quelques minutes après, des pas firent crier le sable de la grève.

Deux hommes, après avoir remonté la passe, se dirigèrent vers la lisière du petit bois, marchant l'un près de l'autre à la clarté d'un fanal.

Qu'allaient-ils faire de ce côté ?... Est-ce que cette crique de Black-Rock était un point de relâche pour l'*Épouvante* ?... Est-ce que son capitaine avait là un dépôt de provisions ou de matériel ?... Est-ce qu'il venait s'y ravitailler, lorsque les fantaisies de ses aventureux voyages le ramenaient en cette partie du territoire des États-Unis ?... Savait-il donc cet endroit si désert, si infréquenté, qu'il ne devait craindre d'y être jamais aperçu ?...

« Que faire ?... demanda Wells.

– Laisser ces gens revenir, et alors... »

La parole me fut coupée net par la surprise.

Les hommes n'étaient pas à trente pas de nous, lorsque l'un d'eux se retournant, la lumière du fanal qu'il portait tomba en plein sur son visage...

Ce visage, c'était celui d'un des individus qui m'avaient guetté devant ma maison de Long-Street... Je ne pouvais m'y tromper... Je le reconnaissais comme l'aurait reconnu ma vieille servante... C'était lui, c'était bien lui, un des espions dont je n'avais pu retrouver les traces !... À n'en pas douter, la lettre que j'avais reçue venait d'eux, cette lettre dont l'écriture s'identifiait avec celle du Maître du Monde !... comme celle-ci, avait-elle donc été écrite à bord de l'*Épouvante* !... Il est vrai, les menaces qu'elle renfermait concernaient le Great-Eyry et, une fois de plus, je me demandai quel rapport pouvait exister entre le Great-Eyry et l'*Épouvante* ?...

En quelques mots, j'eus mis Wells au courant, et, pour toute réponse, il me dit :

« Tout cela est incompréhensible !... »

Cependant les deux hommes avaient continué leur marche vers le petit bois, et ils ne tardèrent pas à en franchir la lisière.

« Pourvu qu'ils ne découvrent pas notre attelage !... murmura Wells.

– Ce n'est pas à craindre, s'ils ne dépassent pas les premières rangées d'arbres...

– Enfin... s'ils le découvrent ?...

– Ils viendront se rembarquer, et il sera temps de leur couper la retraite. »

Du reste, vers le lac, là où était accosté le bateau, on n'entendait aucun bruit. Je quittai la cavité, je suivis la passe et m'arrêtai à l'endroit où le grappin mordait le sable...

L'appareil était là, tranquille au bout de son amarre. Pas de lumière à bord, personne ni sur le pont, ni sur le plateau. L'occasion n'était-elle pas propice ?... Sauter à bord, et attendre le retour des deux hommes ?...

« Monsieur Strock... monsieur Strock ! »

C'était Wells qui me rappelait.

Je revins en toute hâte, et me blottis près de lui.

Peut-être était-il trop tard pour prendre possession du bateau, mais peut-être aussi la tentative eût-elle échoué si d'autres se trouvaient à bord ?...

Quoi qu'il en soit, celui qui portait le fanal et son compagnon venaient de reparaître sur la lisière et redescendaient la grève. Assurément, ils n'avaient rien découvert de suspect. Chargés l'un et l'autre d'un ballot, ils suivirent la passe et s'arrêtèrent au pied du plateau.

Aussitôt, la voix de l'un d'eux se fit entendre :

« Eh ! capitaine ?...

– Voilà ! » fut-il répondu.

Wells, penché à mon oreille, me dit :

« Ils sont trois...

– Peut-être quatre..., répondis-je, peut-être cinq ou six ! »

La situation ne laissait pas de se compliquer. Contre un équipage trop nombreux qu'aurions-nous pu faire ?... Dans tous les cas, la moindre imprudence nous eût coûté cher !... Maintenant que les deux hommes étaient de retour, allaient-ils se rembarquer avec les ballots ?... Puis, son amarre larguée, le bateau quitterait-il la crique ou y resterait-il jusqu'au lever du jour ?... Mais, s'il se mettait en marche, ne serait-il pas perdu pour nous ?... Où le retrouver ?... Pour abandonner les eaux du lac Érié, n'avait-il pas les routes des États limitrophes, ou le cours de Detroit-river, qui l'aurait conduit au lac Huron ?... Et cette occasion se représenterait-elle jamais qu'il fût de nouveau signalé au fond de la crique de Black-Rock ?

« À bord... dis-je à Wells, Hart, Walker, vous et moi, nous sommes quatre... Ils ne s'attendent pas à être attaqués... Ils seront surpris... À Dieu vat ! comme disent les marins. »

J'allais appeler mes deux agents, lorsque Wells me saisit le bras.

« Écoutez », dit-il.

En ce moment, un des hommes halait le bateau qui se rapprochait des roches.

Et voici les paroles qui furent échangées entre le capitaine et ses compagnons :

« Tout était en ordre là-bas ?...

– Tout, capitaine.

– Il doit rester encore deux ballots ?...

– Deux.

– Un seul voyage suffira pour les rapporter à l'*Épouvante* ?... »

L'*Épouvante* !... C'était bien là l'appareil de ce Maître du Monde !...

« Un seul voyage... avait répondu l'un des hommes.

– Bien... Nous repartirons demain au lever du soleil ! »

N'étaient-ils donc que trois à bord, trois seulement, le capitaine et ces deux hommes ?...

Or, ceux-ci allaient sans doute chercher les derniers ballots dans le bois... Puis, au retour, ils embarqueraient, ils descendraient dans leur poste, ils s'y coucheraient ?... Ne serait-ce pas alors le moment de les surprendre avant qu'ils se fussent mis sur la défensive ?...

Assurés, pour l'avoir entendu de la bouche même du capitaine, qu'il ne partirait qu'à l'aube, Wells et moi, nous fûmes d'accord pour laisser revenir les hommes, et, lorsqu'ils seraient endormis, nous prendrions possession de l'*Épouvante*...

Maintenant, pourquoi, la veille, le capitaine avait-il quitté son mouillage, sans achever l'embarquement du matériel, ce qui l'avait forcé de regagner la crique, je ne me l'expliquais pas. En tout cas, c'était une heureuse chance et nous saurions en profiter.

Il était alors dix heures et demie. À ce moment, des pas se firent entendre sur le sable. L'homme au fanal reparut avec son compagnon, et tous deux remontèrent vers le bois. Dès qu'ils eurent franchi la lisière, Wells alla prévenir nos agents, tandis que je me glissai jusqu'à l'extrémité de la passe.

L'*Épouvante* était à bout d'amarre. Autant qu'on en pouvait juger, c'était bien un appareil allongé en forme de fuseau, sans cheminée, sans mâture, sans gréement, semblable à celui qui avait évolué sur les parages de la Nouvelle-Angleterre.

Nous reprîmes place dans les anfractuosités, après avoir vérifié nos revolvers, dont il y aurait peut-être lieu de se servir.

Cinq minutes s'étaient écoulées depuis que les hommes avaient disparu, et, d'un moment à l'autre, on s'attendait à les voir revenir avec les ballots. Après qu'ils seraient embarqués, nous attendrions le moment de sauter à bord, mais pas avant une heure, afin que le capitaine et ses compagnons fussent profondément endormis. Il importait qu'ils n'eussent le temps ni de lancer l'appareil sur les eaux de l'Érié, ni de l'immerger dans ses profondeurs, car nous aurions été entraînés avec lui.

Non ! je n'ai jamais ressenti, dans toute ma carrière, pareille impatience !...

Il me semblait que les deux hommes retenus dans le bois, quelque circonstance les empêchait d'en sortir...

Soudain un bruit se fit entendre, un piétinement de chevaux échappés, toute une galopade le long de la lisière...

C'est notre attelage qui, pris d'effroi, a quitté la clairière, et le voici qui débouche sur la grève...

Presque aussitôt les hommes paraissent et, cette fois, ils courent à toutes jambes...

Pas de doute, la présence de notre attelage leur a donné l'éveil... Ils se sont dit que des gens de police étaient cachés dans le bois... On les épiait, on les guettait, on allait s'emparer d'eux !...

Aussi se précipitent-ils vers la passe, et, après avoir arraché le grappin, ils sauteraient à bord... L'*Épouvante* disparaîtrait avec la rapidité d'un éclair, et la partie serait définitivement perdue !...

« En avant ! » criai-je...

Et nous voici dévalant sur la grève pour couper la retraite à ces hommes...

Dès qu'ils nous voient, ils jettent les ballots et, déchargeant leurs revolvers, ils blessent John Hart, qui est frappé à la jambe.

Nous tirons à notre tour, moins heureusement. Ces hommes ne furent ni atteints, ni arrêtés dans leur course. Arrivés à l'extrémité de la passe, sans prendre le temps de dégager le grappin, ils sont en quelques brassées sur le pont de l'*Épouvante*...

Le capitaine, debout à l'avant, le revolver à la main, fait feu, et une balle effleure Wells.

Nab Walker et moi, après avoir saisi l'amarre, nous halions dessus.

Mais il suffirait qu'elle soit coupée du bord, pour que le bateau puisse se remettre en marche...

Soudain, le grappin s'arrache du sable, et, une de ses pattes me prenant à la ceinture tandis que Walker est renversé par la secousse, je suis entraîné sans parvenir à me dégager...

À ce moment, l'*Épouvante,* poussée par son moteur, fait comme un bond, et file de toute sa vitesse à travers la crique de Black-Rock.

XIII

*À bord de l'*Épouvante

Lorsque je revins à moi, il faisait jour. Une demi-clarté traversait l'épais hublot de l'étroite cabine, où l'on m'avait déposé... Depuis combien d'heures, je n'aurais pu le dire. Mais il me semblait bien, à l'obliquité de ses rayons, que le soleil ne devait pas être très élevé au-dessus de l'horizon.

Un cadre me servait de lit, une couverture était étendue sur moi. Mes vêtements, pendus dans un coin, avaient été séchés. Ma ceinture, déchirée en partie par la patte du grappin, gisait sur le plancher.

Du reste, je ne me sentais aucune blessure. Un peu de courbature seulement. Si j'avais perdu connaissance, je me rendais bien compte que ce n'était pas par faiblesse. Comme ma tête plongeait parfois dans l'eau, lorsque l'amarre me traînait à la surface du lac, j'aurais été asphyxié, si l'on ne m'eût remonté à temps sur le pont.

Maintenant, étais-je seul avec le capitaine et ses deux hommes à bord de l'*Épouvante* ?...

C'était probable pour ne pas dire certain. Toute la scène me revenait à l'esprit, – Hart, blessé d'une balle, tombant sur la grève, Wells essuyant un coup de revolver, Walker renversé sur le sol, à l'instant où le grappin s'accrochait à ma ceinture... Et, de leur côté, mes compagnons ne devaient-ils pas penser que j'eusse péri dans les eaux de l'Érié ?...

En ce moment, dans quelles conditions naviguait l'*Épouvante* ?... Après avoir transformé son bateau en automobile, le capitaine courait-il les routes des États limitrophes du lac ?... Si cela était, pour peu que je fusse resté sans connaissance de longues heures, l'appareil, à toute vitesse, ne devait-il pas être déjà loin ?... Ou bien, redevenu submersible, poursuivait-il sa route sous les eaux du lac ?...

Non, l'*Épouvante* se mouvait alors sur une vaste surface liquide. La lumière, pénétrant dans ma cabine, indiquait que l'appareil n'était point immergé. D'autre part, je ne ressentais aucun de ces cahots que l'automobile eût éprouvés sur une route. Donc, l'*Épouvante* n'avait pas pris terre.

Quant à la question de savoir si elle naviguait encore dans le bassin de l'Érié, c'était autre chose. Le capitaine n'avait-il pu remonter le cours de Detroit-river et gagner, soit le lac Huron, soit le lac Supérieur, à travers cette immense région lacustre ?... Il me serait difficile de le reconnaître.

Cependant, je me décidai à monter sur le pont. Une fois dehors, j'aviserais. Après m'être tiré du cadre, je pris mes vêtements, je m'habillai, sans trop savoir, d'ailleurs, si je n'étais pas sous verrou dans cette cabine.

J'essayai alors de relever le panneau rabattu au-dessus de ma tête.

Le panneau céda à la poussée, et je me redressai à mi-corps.

Mon premier soin fut de regarder en avant, en arrière, des deux côtés, par-dessus la rambarde de l'*Épouvante*.

Partout, la vaste nappe liquide ! Pas un rivage en vue ! Rien qu'un horizon formé par la ligne du ciel ! Que ce fût un lac ou la mer, je ne tardai pas à être fixé sur ce point. Comme nous filions à grande vitesse, l'eau, coupée par l'étrave, rejaillissait jusqu'à l'arrière, et les embruns me fouettaient la figure.

C'était de l'eau douce, et, très probablement, celle de l'Érié.

Or, il ne devait pas s'être écoulé plus de sept à huit heures depuis le moment où l'*Épouvante* avait quitté la crique de Black-Rock, car le soleil se montrait à mi-chemin du zénith. Cette matinée ne pouvait être que celle du 31 juillet.

Aussi, étant donné la longueur du lac Érié, soit deux cent vingt milles, sa largeur, soit une cinquantaine de milles, je n'avais pas lieu de m'étonner si je n'en apercevais point les rives, ni celles de l'est du côté de l'État de New York, ni celles de l'ouest du côté des territoires canadiens.

À cet instant, deux hommes étaient sur le pont, l'un à l'avant, observant la marche, l'autre à l'arrière, maintenant la barre en direction du nord-est, ainsi que je le jugeai à la position du soleil. Le premier était celui que j'avais reconnu pour un des espions de Long-Street, alors qu'il remontait la grève de Black-Rock.

Le second, c'était celui qui portait le fanal pendant la visite au petit bois.

Je cherchai vainement le troisième qu'ils avaient appelé « capitaine » à leur retour à bord... Je ne le vis pas.

On comprendra le désir que j'éprouvai de me trouver en présence de ce créateur du prodigieux appareil, de ce commandant de l'*Épouvante,* le fantastique personnage dont s'occupait et se préoccupait le monde entier, l'audacieux inventeur qui ne craignait pas d'entrer en lutte avec l'humanité, et se proclamait Maître du Monde !...

J'allai à l'homme de l'avant et, après une minute de silence, je lui dis :

« Où est le capitaine ?... »

Cet homme me regarda, les yeux à demi-fermés. Il ne semblait pas me comprendre, et je savais, pour l'avoir entendu la veille, qu'il parlait l'anglais.

D'ailleurs – une remarque que je fis –, il ne parut point s'inquiéter de me voir hors de la cabine. Et, après m'avoir tourné le dos, il se remit à observer l'horizon.

Je revins alors vers l'arrière, décidé à faire la même question au sujet du capitaine. Dès que je fus en face du timonier, celui-ci m'écarta de la main, et je n'obtins aucune réponse.

Il ne me restait donc plus qu'à attendre l'apparition de celui qui nous avait accueillis à coups de revolver, lorsque, mes compagnons et moi, nous halions sur l'amarre de l'*Épouvante.*

J'eus le loisir alors d'examiner les dispositions extérieures de l'appareil qui m'emportait... où ?...

Le pont et l'accastillage étaient faits d'une sorte de métal dont je ne reconnus pas la nature. Vers le centre, un panneau, demi-soulevé, recouvrait la chambre où les machines fonctionnaient avec une régularité presque silencieuse. Ainsi qu'il a été dit, ni mâture, ni gréement, pas même la hampe d'un pavillon à l'arrière. Vers l'avant se dressait la tête d'un périscope, qui permettait à l'*Épouvante* de se diriger sous les eaux.

Sur les flancs se rabattaient deux espèces de dérives, semblables à celles de certaines galiotes hollandaises, et dont je ne m'expliquais pas l'usage.

À l'avant s'arrondissait un troisième panneau qui devait recouvrir le poste occupé par les deux hommes lorsque l'*Épouvante* n'était pas en marche.

À l'arrière, un panneau identique donnait très probablement accès à la cabine du capitaine, lequel ne se montrait pas.

Lorsque ces divers panneaux étaient rajustés sur leur cadre à garniture en caoutchouc, ils s'y appliquaient si hermétiquement, que l'eau ne pouvait pénétrer à l'intérieur pendant les évolutions sous-marines.

Quant au moteur qui imprimait cette prodigieuse vitesse à l'appareil, je n'en pus rien voir, non plus que du propulseur, hélice ou turbine. Tout ce que je constatai, c'est que le bateau ne laissait derrière lui qu'un long sillage plat, dû à l'extrême finesse de ses lignes d'eau, et qui lui donnait toute facilité pour se dérober à la lame, même par mauvais temps.

Enfin, pour n'y plus revenir, l'agent qui mettait cette machine en mouvement n'était ni la vapeur d'eau, ni les vapeurs de pétrole, d'alcool ou autres essences que leur odeur eût trahies, et qui sont le plus généralement employées pour les automobiles ou les sous-marins. Nul doute que cet agent ne fût l'électricité emmagasinée à bord sous une tension extraordinaire.

Alors se posait cette question : D'où provenait-elle, cette électricité, de piles, d'accumulateurs ?... Mais comment ces accumulateurs, ces piles étaient-ils chargés ?... À quelle source intarissable la puisait-on ?... Où fonctionnait l'usine qui la fabriquait ?... À moins qu'elle ne fût directement tirée de l'air ambiant ou de l'eau ambiante par des procédés inconnus jusqu'à ce jour ?... Et je me demandais si, dans les conditions présentes, je parviendrais à découvrir ces secrets...

Puis je songeais à mes compagnons, restés là-bas sur la grève de Black-Rock. L'un d'eux blessé, les autres, Wells et Nab Walker, aussi peut-être !... En me voyant entraîné au bout de cette amarre, ont-ils pu supposer que j'eusse été recueilli à bord de l'*Épouvante ?...* Non, sans doute !... La nouvelle de ma mort, M. Ward ne devait-il pas l'avoir reçue par un télégramme de Toledo ?... Et, maintenant, qui oserait entreprendre une nouvelle campagne contre ce Maître du Monde ?...

Ces diverses réflexions s'entremêlaient dans ma tête, en attendant que le capitaine parût sur le pont...

Et il ne paraissait pas !

À ce moment, voici que la faim se fit vivement sentir, justifiée par une diète prolongée pendant près de vingt-quatre heures. Je n'avais rien mangé depuis notre dernier repas, en admettant que ce repas eût été pris la veille... Et, à en croire mes tiraillements d'estomac, j'en étais à me demander si mon embarquement à bord de l'*Épouvante* ne remontait pas à deux jours... ou même davantage...

Heureusement, la question de savoir si on me nourrirait et comment on me nourrirait fut tranchée à l'instant.

L'homme de l'avant, après être descendu dans le poste, venait de reparaître.

Puis, sans prononcer une parole, il déposa quelques provisions devant moi et regagna sa place.

De la viande conservée, du poisson sec, du biscuit de mer, un pot d'une ale si forte que je dus la mélanger d'eau, tel fut le déjeuner auquel je fis honneur. Quant à l'équipage, il avait sans doute mangé avant que j'eusse quitté ma cabine, et il ne me tint point compagnie.

Il n'y avait rien à tirer d'eux, et je retombai dans mes réflexions, me répétant :

« Comment cette aventure finira-t-elle ?... Cet invisible capitaine, le verrai-je enfin, et me rendra-t-il ma liberté ?... Parviendrai-je à la recouvrer malgré lui ?... Cela dépendrait des circonstances !... Mais, si l'*Épouvante* se tient au large de tout littoral, ou si elle navigue sous les eaux, comment parvenir à la quitter ?... À moins que l'appareil ne redevienne automobile, faudra-t-il renoncer à toute tentative d'évasion ?... »

D'ailleurs, pourquoi ne l'avouerais-je pas ?... M'échapper sans avoir rien découvert des secrets de l'*Épouvante,* je ne pouvais me faire à cette idée !... Car, enfin, bien que je n'eusse pas à me féliciter jusqu'ici de ma nouvelle campagne – et il s'en est fallu de peu que j'y laisse la vie –, bien que l'avenir offrît plus de mauvaises chances que de bonnes, l'affaire avait fait un pas... Il est vrai, si je ne puis rentrer en communication avec mes semblables, si, comme ce Maître du Monde qui est mis hors la loi, je suis hors de l'humanité...

L'*Épouvante* continuait à se diriger vers le nord-est dans le sens même de la longueur de l'Érié. Elle ne marchait plus qu'à moyenne vitesse, et, d'ailleurs, en la poussant à son maximum, il ne lui aurait fallu que quelques heures pour atteindre la pointe nord-est du lac.

À cette extrémité, l'Érié n'a d'autre issue que la rivière Niagara, qui le relie à l'Ontario. Or, cette rivière est barrée par les fameuses cataractes, une quinzaine de milles au-dessous de Buffalo, importante cité de l'État de New York. Du moment que l'*Épouvante* n'avait pas remonté Detroit-river, comment abandonnerait-elle ces parages, à moins de prendre les routes de terre ?...

Le soleil venait de passer au méridien. Le temps était beau, la chaleur forte, mais supportable, grâce à la brise qui rafraîchissait l'espace. Les rives du lac n'apparaissaient pas encore, ni du côté canadien, ni du côté américain.

Décidément, est-ce que le capitaine tenait à ne point se montrer à moi ?... Avait-il quelque raison de ne pas se faire connaître ?... Une telle précaution indiquait-elle qu'il eût l'intention de me mettre en liberté, le soir venu, lorsque l'*Épouvante* aurait atteint le littoral ?... Cela me semblait plus improbable !

Or, vers les deux heures de l'après-midi, un léger bruit se produisit, le panneau central se souleva, et le personnage si impatiemment attendu parut sur le pont.

Je dois le dire, il ne me prêta pas plus attention que ne l'avaient fait ses hommes, et, allant vers le timonier, il prit sa place à l'arrière. Celui-ci, après quelques mots prononcés à voix basse, descendit dans la chambre des machines.

Le capitaine, ayant promené son regard sur l'horizon, et consulté la boussole, posée devant la barre, modifia légèrement la direction, et la vitesse de l'*Épouvante* s'accrut.

Cet homme devait avoir dépassé de quelques années la cinquantaine, taille moyenne, épaules larges, très droit encore, tête forte, cheveux courts plutôt gris que blancs, ni moustaches ni favoris, une épaisse barbiche à l'américaine, bras et jambes musculeux, mâchoire aux masséters puissants, poitrine large, et, signe caractéristique de grande énergie, le muscle sourcilier en contraction permanente. Assurément, il possédait une constitution de fer, une santé à toute épreuve, un sang aux globules ardents sous le hâle de sa peau.

De même que ses compagnons, le capitaine était vêtu d'habits de mer, que recouvrait une capote cirée, et un béret de laine lui tenait lieu de coiffure.

Je le regardais. S'il ne cherchait point à éviter mes regards, du moins montrait-il une singulière indifférence, comme s'il n'avait pas un étranger à son bord.

Ai-je besoin d'ajouter que le capitaine de l'*Épouvante* était bien l'un des deux individus qui me guettaient devant ma maison de Long-Street !...

Et, si je le reconnaissais, nul doute qu'il me reconnût pour l'inspecteur principal Strock, à qui avait été confiée la mission de pénétrer dans le Great-Eyry !

Et, alors, en l'observant, l'idée me vint – idée que je n'avais pas eue à Washington – que sa figure si caractéristique, je l'avais déjà vue... où ?... sur une fiche du bureau des informations, ou tout simplement en photographie à quelque vitrine ?...

Mais combien vague, ce souvenir, et n'étais-je pas plutôt le jouet d'une illusion ?...

Enfin, si ses compagnons n'avaient pas eu la politesse de me répondre, peut-être ferait-il plus d'honneur à mes questions ?... Nous parlions la même langue, bien que je n'eusse pu assurer qu'il fût comme moi Américain d'origine... À moins qu'il n'y eût chez lui parti pris de ne pas me comprendre, afin de ne point avoir à me répondre !...

Enfin, que voulait-il faire de moi ? Comptait-il se débarrasser sans plus de façon de ma personne ?... N'attendait-il que la nuit pour me jeter à l'eau ?... Le peu que je savais de lui suffisait-il à faire de moi un témoin dangereux ?... Eh bien, mieux eût valu me laisser au bout de l'amarre !... Cela aurait évité de m'envoyer par le fond !...

Je me relevai, je gagnai l'arrière, je restai debout devant lui.

Ce fut bien en face qu'il fixa sur moi son regard brillant comme une flamme.

« Êtes-vous le capitaine ?... » demandai-je.

Silence de sa part.

« Ce bateau... est bien l'*Épouvante* ?... »

À ma question, nulle réponse.

Alors je m'avançai, et je voulus le saisir par le bras...

Il me repoussa sans violence, mais d'un mouvement qui dénotait une vigueur peu commune.

Revenant une seconde fois devant lui :

« Que voulez-vous faire de moi ?... » demandai-je d'un ton plus vif.

Je crus que quelques mots s'échapperaient enfin de ces lèvres, contractées par une visible irritation. Aussi, comme pour s'en empêcher, il détourna la tête. Puis, sa main s'appuya sur le régulateur.

Aussitôt la machine fonctionna plus rapidement.

La colère me prit, et, ne me possédant plus, j'allais lui crier :

« Soit !... gardez le silence !... Moi... je sais qui vous êtes, comme je sais quel est cet appareil, signalé à Madison, à Boston, au lac Kirdall !... Oui ! le même qui court sur les routes, à la surface des mers et des lacs et sous les eaux !... Et ce bateau, c'est l'*Épouvante,* et vous qui le commandez... c'est vous qui avez écrit cette lettre au gouvernement... vous qui vous croyez de force à lutter contre le monde entier... vous !... le Maître du Monde !... »

Et comment l'eût-il pu nier ?... Je venais d'apercevoir les fameuses initiales inscrites sur la barre.

Heureusement, je parvins à me contenir, et, désespérant d'obtenir une réponse à mes questions, je revins m'asseoir près du panneau de ma cabine... Et, pendant de longues heures, je ne cessai d'observer l'horizon dans l'espoir qu'une terre paraîtrait bientôt.

Oui ! attendre... j'en étais réduit là... attendre !... La journée ne finirait pas sans doute avant que l'*Épouvante* ne fût en vue du littoral de l'Érié, puisque sa direction se maintenait imperturbablement au nord-est !

XIV

Le Niagara

Cependant le temps s'écoulait et la situation ne se modifiait pas. Le timonier était revenu à la barre, le capitaine, à l'intérieur, surveillait la marche des machines. Je le répète, même lorsque la vitesse s'accroissait, le moteur fonctionnait sans bruit, avec une remarquable régularité. Jamais un de ces à-coups inévitables qui résultent de l'emploi des cylindres et des pistons. J'en concluais donc que le déplacement de l'*Épouvante,* dans chacune de ses transformations, s'effectuait au moyen de machines rotatives. Mais impossible de m'en assurer.

D'autre part, j'observai que l'orientation ne changeait pas. Toujours vers le nord-est du lac, et, par conséquent, en direction de Buffalo.

« Pourquoi le capitaine suit-il cette route ?... me disais-je. Il ne peut avoir l'intention de mouiller dans ce port... au milieu de la flottille de pêche et de commerce !... S'il veut sortir de l'Érié, ce n'est pas le Niagara qui lui offrirait passage, et les chutes sont infranchissables même avec un appareil tel que le sien !... Le seul chemin, c'est Detroit-river, et l'*Épouvante* s'en éloigne visiblement !... »

Cette pensée me vint alors : peut-être le capitaine attend-il la nuit pour rallier l'une des rives de l'Érié ?... Là, le bateau, changé en automobile, aurait vite fait de traverser les États voisins...

Si je ne parvenais pas à m'enfuir pendant ce trajet sur terre, tout espoir de recouvrer ma liberté serait perdu !...

Il est vrai, je finirais par savoir où ce Maître du Monde se cachait et si bien qu'on n'avait jamais pu découvrir sa retraite, à moins, toutefois, qu'il ne me débarquât d'une façon ou d'une autre... Et ce que j'entends par débarquement, on le comprend de reste.

Cependant cette pointe nord-est du lac, je la connaissais, ayant souvent visité la partie de l'État de New York comprise entre Albany, son chef-lieu, et la cité de Buffalo. Certaine affaire de police, qui remontait à trois ans, m'avait permis d'explorer les rives du Niagara, en amont et en aval des cataractes jusqu'à Suspension-bridge, de visiter les deux principales îles entre Buffalo et la bourgade de Niagara-Falls, puis l'île Navy, puis Goat-Island qui sépare la chute américaine de la chute canadienne.

Si donc une occasion de fuir se présentait, je ne me trouverais pas en pays inconnu. Mais s'offrirait-elle, cette occasion, et, au fond, le désirais-je et en profiterais-je ?... Que de secrets encore dans cette affaire, à laquelle la bonne chance – la mauvaise, peut-être – m'avait si étroitement mêlé !...

D'ailleurs, que j'eusse la possibilité de gagner une des rives du Niagara, il n'y avait guère lieu de le supposer. L'*Épouvante* ne s'aventurera pas sur cette rivière sans issue, et, probablement, ne se rapprochera pas du littoral de l'Érié. Au besoin, elle s'immergerait et, après avoir descendu Detroit-river, redevenant automobile sous la conduite de son chauffeur, elle suivrait les routes de l'Union.

Telles étaient les idées qui affluaient en moi, tandis que mon regard parcourait inutilement l'horizon.

Et, toujours, cette tenace question qui demeurait insoluble : Pourquoi le capitaine m'avait-il écrit la lettre menaçante que l'on sait ?... Dans quel intérêt venait-il me surveiller à Washington ?... Et enfin, quel lien le rattachait au Great-Eyry ?... Qu'il pût, par des canaux souterrains, s'introduire dans le lac Kirdall, soit ! Mais à travers l'infranchissable enceinte, non... cela, non !...

Vers quatre heures de l'après-midi, étant donné la vitesse de l'*Épouvante,* d'une part, et sa direction, de l'autre, nous ne devions pas être à plus de quinze milles de Buffalo, dont la silhouette ne tarderait pas à se dessiner au nord-est.

Au cours de cette navigation, si quelques bâtiments furent aperçus, ils passaient à longue distance, et, cette distance, le capitaine la tenait telle qu'il lui convenait. Au surplus, l'*Épouvante* était peu visible à la surface du lac, et, au-delà d'un mille, difficile à apercevoir.

Cependant, les hauteurs encadrant la pointe de l'Érié commençaient à se profiler en formant, au-delà de Buffalo, cet entonnoir, par lequel l'Érié déverse ses eaux dans le lit du Niagara. Quelques dunes s'arrondissaient sur la droite, des bouquets d'arbres se groupaient çà et là. J'apercevais au large plusieurs navires de commerce ou chaloupes de pêche à voile ou à vapeur.

Le ciel se salissait par endroits de panaches fumeux que rabattait une légère brise de l'est.

À quoi donc songeait le capitaine, en se dirigeant vers ce port ?... La prudence ne lui interdisait-elle pas de s'y aventurer ?... Aussi, à chaque instant, m'attendais-je à ce qu'il donnât un coup de barre pour revenir vers la rive occidentale du lac... à moins qu'il n'eût l'intention de s'immerger afin de passer la nuit dans les profondeurs de l'Érié ?...

Mais cette persistance à tenir le cap sur Buffalo, impossible de la comprendre !...

À ce moment, le timonier, dont les yeux interrogeaient le nord-est, fit un signe à son compagnon. Celui-ci, se relevant, vint au panneau central, et descendit dans la chambre des machines.

Presque aussitôt, le capitaine monta sur le pont et, rejoignant le timonier, s'entretint avec lui à voix basse.

Celui-ci, la main tendue en direction de Buffalo, indiquait deux points noirâtres qui se déplaçaient à cinq ou six milles par tribord devant.

Le capitaine regarda attentivement de ce côté ; puis, haussant les épaules, il vint s'asseoir à l'arrière, sans modifier la marche de l'*Épouvante*.

Un quart d'heure après, je reconnus que deux fumées se dessinaient dans le nord-est. Peu à peu, la forme des points s'accusa plus nettement. C'étaient deux steamers, sortis du port de Buffalo, qui s'approchaient avec rapidité.

Soudain, j'eus la pensée que ces steamers étaient les destroyers dont m'avait parlé M. Ward, chargés depuis quelque temps de surveiller cette partie du lac, ceux-là même dont je pouvais réquisitionner le concours.

Ces destroyers, d'un type récent, comptaient parmi les steamers les plus vites construits aux États-Unis. Mus par de puissantes machines au dernier degré de la perfection, leurs essais avaient obtenu vingt-sept milles à l'heure.

Il est vrai, l'*Épouvante* possédait une marche très supérieure et, en tout cas, si, serrée de trop près, la retraite eût paru impossible, il lui suffirait de s'immerger et elle serait à l'abri de toute poursuite.

En réalité, il aurait fallu que ces steamers fussent plutôt des submersibles que des destroyers pour lutter avec quelque chance de succès, et je ne sais même pas si la partie eût été égale.

Ce qui, maintenant, ne me semblait pas douteux, c'est que les commandants de ces navires avaient été prévenus, peut-être par Wells qui, dès son retour à Toledo, leur aurait expédié une dépêche.

Il paraissait évident, d'ailleurs, qu'ayant aperçu l'*Épouvante,* ils marchaient à toute vitesse sur elle. Et, pourtant, le capitaine, sans paraître s'en préoccuper, continuait à se diriger vers le Niagara.

Qu'allaient faire les destroyers ?... Assurément, ils manœuvreraient de telle façon que l'*Épouvante* fût contrainte à s'engager dans l'angle de l'Érié, en laissant Buffalo sur tribord, puisque le Niagara ne lui offrait aucun passage.

Le capitaine était venu prendre la barre, l'un des hommes à l'avant, l'autre dans la chambre des machines.

L'ordre n'allait-il pas m'être donné de rentrer dans ma cabane ?...

Il n'en fut rien, à mon extrême satisfaction, et, pour tout dire, personne ne s'occupait de moi, pas plus que si je n'eusse été à bord...

J'observais, non sans une vive émotion, l'approche des destroyers. À moins de deux milles alors, ils évoluaient de manière à tenir l'*Épouvante* entre deux feux.

Quant au Maître du Monde, sa figure ne montrait que le plus profond dédain. Ne savait-il pas que ces destroyers ne pouvaient rien contre lui... Un ordre envoyé à la machine et il les distancerait, si rapides fussent-ils !... En quelques tours de moteur, l'*Épouvante* serait hors de la portée de leurs canons ; et ce n'est pas dans les profondeurs de l'Érié que les projectiles iraient atteindre le sous-marin !...

Dix minutes plus tard, c'est à peine si un mille nous séparait des deux bâtiments qui nous donnaient la chasse...

Le capitaine les laissa s'approcher encore. Puis il appuya sur la manette, et l'*Épouvante,* sous l'action redoublée de ses propulseurs, bondit à la surface du lac. Elle se jouait de ces destroyers, et, au lieu de revenir en arrière, continua sa marche en avant ! Qui sait si elle n'aurait pas l'audace de passer entre eux, de les entraîner à sa suite jusqu'à l'heure où, la nuit venue, ils seraient forcés d'abandonner cette poursuite inutile.

La ville de Buffalo se dessinait alors sur la rive de l'Érié. Je voyais distinctement ses édifices, ses clochers, ses élévators. Un peu plus au nord-ouest s'ouvrait le Niagara, à quatre ou cinq milles de distance.

Dans ces conditions, à quel parti devais-je m'arrêter ?... Étant bon nageur, lorsque nous serions par le travers des destroyers, ou plutôt entre eux, ne serait-ce pas l'occasion de me jeter à l'eau, occasion qui ne se reproduirait peut-être plus ?... Le capitaine ne pourrait s'attarder à me reprendre !... En plongeant, n'aurais-je pas chance de lui échapper ?... Je serais aperçu de l'un ou de l'autre navire... Qui sait si les commandants n'avaient pas été prévenus de ma présence possible à bord de l'*Épouvante ?*... Une embarcation viendrait me recueillir ?...

Évidemment, les chances de succès seraient plus grandes si l'*Épouvante* s'engageait entre les rives du Niagara. À la hauteur de l'île Navy, je pourrais prendre pied sur un territoire que je connaissais bien... Mais, supposer que le capitaine se lancerait sur cette rivière barrée par les cataractes, cela me paraissait impossible... Donc, je résolus de laisser les destroyers s'approcher davantage, et, le moment venu, je me déciderais...

Car, faut-il l'avouer, ma décision n'était pas arrêtée... Non !... je ne pouvais me résigner, en m'échappant, à perdre toute chance de pénétrer ce mystère... Mes instincts de policier se révoltaient à cette pensée que je n'avais qu'à étendre la main pour saisir cet homme mis hors la loi !... Non ! je ne me sauverais pas !... C'eût été abandonner pour jamais la partie !... Il est vrai, quel sort m'attendait et jusqu'où m'entraînerait l'*Épouvante,* si je restais à bord ?...

Il était six heures et un quart. Les destroyers se rapprochaient, laissant entre eux une distance de douze à quinze encablures. L'*Épouvante,* sans même forcer sa vitesse, ne tarderait pas à avoir l'un sur bâbord, l'autre sur tribord.

Je n'avais pas quitté ma place. L'homme de l'avant était près de moi.

Immobile à la barre, les yeux brillants sous ses sourcils contractés, le capitaine attendait peut-être l'instant d'en finir par une dernière manœuvre...

Soudain, une détonation retentit à bord du destroyer de gauche. Un projectile, rasant la surface des eaux, passa sur l'avant de l'*Épouvante* et disparut à l'arrière du destroyer de droite.

Je me redressai. Debout à mon côté, l'homme semblait guetter un signe du capitaine...

Celui-ci ne tourna même pas la tête, et jamais je n'oublierai l'impression de mépris qui se peignait sur son visage !...

À l'instant, je fus poussé vers le panneau de ma cabine qui s'abattit sur moi, tandis que les autres panneaux se refermaient. À peine une minute s'écoula-t-elle avant que la plongée s'effectuât... Le sous-marin avait disparu sous les eaux du lac...

D'autres coups de canon éclatèrent encore, dont le sourd fracas arriva jusqu'à mon oreille. Puis tout se tut. Une vague lueur arrivait par le hublot de ma cabine. L'appareil, sans roulis ni tangage, filait silencieusement à travers l'Érié.

On voit avec quelle rapidité, avec quelle facilité aussi, s'était faite cette transformation de l'*Épouvante*, non moins rapide, non moins facile sans doute, lorsqu'il s'agissait de circuler sur les routes !

Et, maintenant, qu'allait faire le Maître du Monde ?... Très probablement, il modifierait sa direction, à moins que l'*Épouvante*, après avoir touché terre, ne dût redevenir automobile. Mais, à bien réfléchir, je pensai qu'il rallierait plutôt l'ouest, dès qu'il aurait dépisté les destroyers, et regagnerait alors l'embouchure de Detroit-river. L'immersion ne se prolongerait vraisemblablement que le temps nécessaire pour se mettre hors de portée des projectiles, et la nuit amènerait la fin de cette poursuite.

Il n'en fut pas ainsi. À peine dix minutes s'étaient-elles passées qu'une certaine agitation se produisit à bord. Des paroles échangées dans la chambre des machines se faisaient entendre. Un bruit de mécanisme les accompagnait. Je crus comprendre qu'une avarie obligeait le submersible de revenir à la surface...

Je ne me trompais pas. En un instant, la demi-obscurité de ma cabine s'imprégna de lumière. L'*Épouvante* venait d'émerger... J'entendais marcher sur le pont, dont les panneaux se rouvrirent, même le mien...

Le capitaine avait repris sa place à la barre, tandis que ses deux hommes étaient occupés à l'intérieur.

Je regardai si les destroyers étaient en vue... Oui... à un quart de mille seulement. L'*Épouvante* réaperçue, ils lui donnaient déjà la chasse. Mais, cette fois, ce fut dans la direction du Niagara.

Je ne compris rien à cette manœuvre, je l'avoue. Engagé dans ce cul-de-sac, ne pouvant plus plonger par suite d'avarie, l'appareil trouverait sa route barrée par les destroyers, lorsqu'il voudrait revenir en arrière. Chercherait-il donc à atterrir, à s'enfuir, sous la forme d'automobile, soit à travers l'État de New York, soit à travers le territoire canadien ?...

L'*Épouvante* avait alors un demi-mille d'avance. Les destroyers la poursuivaient à toute vapeur, dans des conditions défavorables, il est vrai, pour l'atteindre avec leurs pièces de chasse.

Elle se contentait de garder cette distance. Pourtant, il lui eût été facile de l'accroître, et, à la nuit tombante, de revenir vers les parages de l'ouest !

Déjà Buffalo s'effaçait sur la droite, et, un peu après sept heures, apparut l'entrée du Niagara. S'il s'y engageait, sachant qu'il n'en pouvait plus sortir, le capitaine aurait perdu raison... Et, au fait, n'était-il pas fou, celui qui se proclamait, qui se croyait Maître du Monde ?...

Je le voyais là, calme, impassible, ne se retournant même pas pour observer les destroyers.

Du reste, absolument déserte, cette partie du lac. Les navires, à destination des bourgades situées sur les rives du Niagara, n'étant pas nombreux, aucun ne se montrait. Pas même une chaloupe de pêche ne croisait la route de l'*Épouvante*. En tout cas, si les deux destroyers la suivaient sur le Niagara, ils seraient bientôt contraints de stopper.

J'ai dit que le Niagara s'ouvre entre la rive américaine et la rive canadienne. D'un côté Buffalo, de l'autre le fort Érié. Sa largeur, trois quarts de mille environ, diminue aux approches des chutes. Sa longueur, de l'Érié à l'Ontario, mesure une quinzaine de lieues, et c'est en coulant vers le nord qu'il déverse dans ce dernier lac les eaux des lacs Supérieur, Michigan et Huron. Une différence de trois cent quarante pieds existe entre l'Érié et l'Ontario. La chute n'en mesure pas moins de cent cinquante. Appelée « Horse-Shoe-Fall », parce qu'elle affecte la forme d'un fer à cheval, les Indiens lui ont donné le nom de « Tonnerre des eaux », et c'est bien un tonnerre qui roule sans relâche, et dont les fracas s'entendent à plusieurs milles de la cataracte.

Entre Buffalo et la bourgade de Niagara-Falls, deux îles divisent le cours de la rivière, l'île Navy, une lieue en amont du Horse-Shoe-Fall, et Goat-Island, qui sépare la chute américaine de la chute canadienne. Sa pointe portait autrefois cette terrapine-tower, si audacieusement posée en plein torrent sur le bord même de l'abîme ; on a dû l'abattre, car, avec le recul constant de la cataracte, elle eût été entraînée dans le gouffre.

Deux bourgades sont à citer le long du cours supérieur du Niagara, Schlosser de la rive droite, Chipewa de la rive gauche, précisément de chaque côté de l'île Navy. C'est à cette hauteur que le courant, sollicité par une pente de plus en plus forte, s'accentue pour devenir, deux milles en aval, la célèbre cataracte.

L'*Épouvante* avait dépassé le fort Érié. Le soleil se balançait à l'ouest au-dessus de l'horizon canadien, et la lune, pleine alors, sortait des brumes du sud-ouest. La nuit ne serait pas faite avant une heure.

Les destroyers, forçant leurs feux, suivaient à la distance d'un mille, sans rien gagner. Ils filaient entre ces rives ombragées d'arbres, semées de cottages, qui s'étendent en longues plaines verdoyantes.

Évidemment, l'*Épouvante* ne pouvait plus revenir en arrière. Les destroyers l'eussent coulée et immanquablement. Il est vrai, leurs commandants ignoraient ce que je savais, moi, c'est qu'une avarie survenue à l'appareil l'avait obligée à regagner la surface du lac, et qu'il lui était impossible de s'échapper par une nouvelle plongée. Néanmoins, ils continuaient à aller de l'avant et se maintiendraient sans doute à cette allure jusqu'à la dernière limite.

Mais, si je ne m'expliquais pas cette chasse obstinée, je ne trouvais pas d'explication à la conduite de l'*Épouvante.* La route lui serait barrée avant une demi-heure par la cataracte. Si perfectionné que fût l'appareil, il ne l'était pas au point de pouvoir franchir le Horse-Shoe-Fall, et, si le torrent l'emportait, il disparaîtrait dans ce gouffre de cent quatre-vingts pieds que les eaux ont creusé au bas des chutes. Peut-être, en accostant une des rives, aurait-il la ressource de s'enfuir sur ses roues d'automobile, en faisant du deux cent quarante à l'heure !...

Maintenant, quel parti prendre ?... Tenterais-je de me sauver par le travers de l'île Navy dont il me serait facile d'atteindre les berges à la nage ?... Si je ne profitais pas de cette occasion, jamais, avec ce que je savais de ses secrets, jamais le Maître du Monde ne me rendrait la liberté !...

Eh bien, il me parut clairement alors que, cette fois, toute fuite allait m'être interdite. Si je n'étais pas confiné dans ma cabine, j'étais du moins surveillé. Tandis que le capitaine se tenait à la barre, son compagnon près de moi ne me quittait plus des yeux. Au premier mouvement, j'aurais été saisi, enfermé... À présent, mon sort était bien lié à celui de l'*Épouvante.*

Cependant la distance qui la séparait des destroyers était réduite, en ce moment, à quelques encablures. Est-ce donc que le moteur de l'*Épouvante,* par suite d'accident, ne pouvait pas donner davantage ?... Pourtant, le capitaine ne montrait aucune inquiétude, il ne cherchait point à atterrir.

On entendait les sifflements de la vapeur qui s'échappait à travers les soupapes des destroyers au milieu des panaches de fumée noire.

Mais on entendait aussi les mugissements de la cataracte à moins de trois milles en aval.

L'*Épouvante* filait par le bras gauche, le long de l'île Navy, dont elle eut bientôt dépassé la pointe. Un quart d'heure après apparaissaient les premiers arbres de Goat-Island. Le courant devenait de plus en plus rapide, et, si l'*Épouvante* ne voulait pas s'arrêter, les destroyers ne pourraient pas lui donner plus longtemps la chasse !... Et s'il plaisait à ce capitaine maudit de s'engloutir dans les tourbillons du Horse-Shoe-Fall, ils ne le suivraient pas dans l'abîme !...

En effet, des coups de sifflets retentirent, et les destroyers stoppèrent alors qu'ils n'étaient plus qu'à cinq ou six cents pieds de la cataracte. Puis, des détonations éclatant en amont, plusieurs projectiles passèrent le long de l'*Épouvante* sans l'atteindre...

Le soleil venait de disparaître, et, au milieu du crépuscule, la lune projetait ses rayons vers le nord. La vitesse de l'appareil, doublée de la vitesse du courant, était prodigieuse. En une minute, il tomberait dans ce creux noirâtre que forme en son milieu la chute canadienne...

Je regardais d'un œil terrifié ces extrêmes berges de Goat-Island ; puis, à sa tête, les îlots des Trois-Sœurs, noyés sous l'embrun des eaux tumultueuses...

Je me relevai... j'allais me lancer dans la rivière afin de gagner l'île...

Les mains de l'homme s'appesantirent sur moi...

Soudain, un violent bruit de mécanisme, qui jouait à l'intérieur, se fait entendre. Les grandes dérives, plaquées sur les flancs de l'appareil, se détendent comme des ailes, et, au moment où l'*Épouvante* est entraînée dans la chute, elle s'élève à travers l'espace, franchissant les mugissantes cataractes au milieu d'un spectre d'arc-en-ciel lunaire !

XV

Le nid de l'aigle

Le lendemain, lorsque je me réveillai après un assez lourd sommeil, l'appareil ne faisait plus aucun mouvement. Je m'en rendis compte aussitôt : il ne roulait pas sur terre, il ne naviguait ni sur ni sous les eaux, il ne volait pas au milieu des airs. Devais-je en conclure que son inventeur avait regagné la mystérieuse retraite où jamais être humain n'avait mis le pied avant lui ?...

Et alors, puisqu'il ne s'était pas débarrassé de ma personne, son secret allait-il enfin m'être révélé ?...

Peut-être s'étonnera-t-on que j'eusse si profondément dormi pendant ce voyage aérien. Je m'en suis étonné moi-même, et je me demandai si ce sommeil ne fut pas provoqué par une substance soporifique mêlée à mon dernier repas... le capitaine de l'*Épouvante* voulant me mettre ainsi dans l'impossibilité de connaître le lieu de son atterrissement ?... Tout ce que je puis affirmer, c'est qu'elle avait été terrible, l'impression que je ressentis au moment où l'appareil, au lieu d'être entraîné dans les tourbillons de la cataracte, s'enleva sous l'action de son moteur, comme un oiseau dont les larges ailes battaient avec une extraordinaire puissance !...

Ainsi, donc, cet appareil du Maître du Monde répondait à ce quadruple fonctionnement : il était à la fois automobile, bateau, submersible, engin d'aviation. Terre, eau, air, à travers ces trois éléments, il pouvait se mouvoir, et avec quelle force, avec quelle rapidité !...

Quelques instants lui suffisaient à opérer ces merveilleuses transformations !... La même machine présidait à ces locomotions diverses !... J'avais été le témoin de ces métamorphoses !... Mais, ce que j'ignorais encore, ce que je découvrirais peut-être, c'était à quelle source d'énergie puisait cet appareil, et enfin quel était l'inventeur de génie qui, après l'avoir créé de toutes pièces, le dirigeait avec autant d'habileté que d'audace !

Au moment où l'*Épouvante* dominait la chute canadienne, j'étais accoté contre le panneau de ma cabine. Cette claire soirée me permettait d'observer la direction que suivait l'aviateur[1]. Il filait au-dessus de la rivière et dépassa Suspension-bridge, à trois milles en aval du Horse-Shoe-Fall. C'est à cet endroit que commencent les infranchissables rapides du Niagara, qui se coude alors pour descendre vers l'Ontario.

À partir de ce point, il me sembla bien que l'appareil obliquait vers l'est...

Le capitaine se tenait toujours à l'arrière. Je ne lui avais pas adressé la parole... À quoi bon ?... Il ne m'eût pas répondu.

Ce que je remarquai, c'est que l'*Épouvante* gouvernait avec une surprenante facilité. Assurément, les routes atmosphériques lui étaient aussi familières que les routes maritimes et les routes terrestres.

Et, en présence de pareils résultats, ne comprend-on pas l'immense orgueil de celui qui s'était proclamé Maître du Monde ?... Ne disposait-il pas d'un engin supérieur à tous autres sortis de la main des hommes et contre lequel les hommes ne pouvaient rien ?... Et, en vérité, pourquoi l'eût-il vendu, pourquoi eût-il accepté ces millions qui lui furent offerts ?... Oui ! cela m'expliquait bien l'absolue confiance en lui-même qui se dégageait de toute sa personne !... Et jusqu'où son ambition le porterait-elle, si, par son excès même, elle dégénérait quelque jour en folie ?...

Une demi-heure après l'envolée de l'*Épouvante,* j'étais tombé, sans m'en rendre compte, dans un complet anéantissement. Je le répète, cet état avait dû être provoqué par quelque soporifique. Sans doute, le capitaine ne voulait pas me laisser reconnaître quelle direction il suivait.

Donc, l'aviateur a-t-il continué son vol à travers l'espace, a-t-il navigué à la surface d'une mer ou d'un lac, s'est-il lancé sur les routes du territoire américain, je ne saurais le dire. Aucun souvenir ne m'est resté de ce qui s'est passé pendant cette nuit du 31 juillet au 1er août.

Maintenant qu'allait être la suite de cette aventure, et principalement, en ce qui me concernait, quelle en serait la conclusion ?...

J'ai dit qu'au moment où mon étrange sommeil avait pris fin,

---

[1] Le mot « aviateur » s'applique à l'appareil volant comme à celui qui le conduit.

l'*Épouvante* paraissait être dans une complète immobilité. Pas d'erreur à ce sujet : sous quelque forme qu'il se fût produit, j'aurais ressenti ce mouvement, même à travers les airs.

Lorsque je me réveillai, j'étais dans ma cabine, où j'avais été renfermé sans m'en être aperçu, ainsi que cela s'était fait pendant la première nuit passée à bord de l'*Épouvante* sur le lac Érié.

Toute la question était de savoir s'il me serait permis de monter sur le pont, puisque l'appareil avait atterri. J'essayai de relever le panneau qui résista à la poussée.

« Eh ! me disais-je, est-ce que la liberté ne me sera pas rendue avant que l'*Épouvante* n'ait repris sa navigation ou son vol ?... »

N'étaient-ce pas, en effet, les deux seules circonstances dans lesquelles toute fuite devenait impossible ?...

On comprend mon impatience, mon inquiétude, ignorant combien de temps durerait cette halte terrestre.

Je n'eus pas plus d'un demi-quart d'heure à attendre. Un bruit de barres déplacées parvint à mon oreille. Le panneau fut relevé du dehors. La lumière et l'air pénétrèrent à flots dans ma cabine.

D'un bond, je me retrouvai sur le pont à ma place habituelle.

Mes yeux, en un instant, eurent parcouru tout l'horizon.

L'*Épouvante,* ainsi que je l'avais pensé, reposait sur le sol, au fond d'un cirque mesurant de quinze à dix-huit cents pieds à sa circonférence. Un tapis de gravier jaunâtre le recouvrait sur toute son étendue, où ne poussait pas une seule touffe d'herbe.

Ce cirque affectait la forme d'un ovale presque régulier, dont le grand diamètre se tendait du sud au nord. Quant à son cadre de roches, quelle était sa hauteur, la disposition de son arête supérieure ?... Je ne pus en juger. Au-dessus de nous s'amassaient des brumes très denses que les rayons du soleil n'avaient pas encore fondues. Quelques larges traînées de vapeurs pendaient jusqu'au fond sablonneux. Sans doute, le jour était à ses premières heures, et ce brouillard ne tarderait pas à se dissiper.

Il est vrai, j'eus l'impression qu'une température assez froide régnait à l'intérieur de ce cirque, bien que ce fût le premier jour du mois d'août. J'en concluais qu'il devait être situé dans une région élevée du Nouveau Continent... Laquelle ?... Impossible de former aucune hypothèse à cet égard. En tout cas, si rapide que pût être son vol, l'aviateur n'avait pas eu le temps de traverser l'Atlantique ou le Pacifique, et, depuis notre départ du Niagara, il ne s'était pas écoulé plus d'une douzaine d'heures.

En ce moment, le capitaine sortait d'une anfractuosité, probablement quelque grotte creusée dans la base de cette enceinte, baignée de brumailles.

Parfois, à travers le brouillard, apparaissaient les silhouettes de grands oiseaux dont le cri rauque troublait le profond silence. Et qui sait s'ils ne s'étaient pas effrayés de l'arrivée de ce monstre aux formidables ailes, avec lequel ils n'auraient pu lutter ni en force ni en vitesse !

Ainsi, tout me portait à le croire, c'était ici que le Maître du Monde se retirait, lorsque ses prodigieux voyages prenaient fin... C'était ici la remise de son automobile, le port de son bateau, le nid de son engin d'aviation ! Et, maintenant, l'*Épouvante* reposait immobile au fond de ce cirque.

Enfin, j'allais pouvoir l'examiner, et il ne me semblait pas qu'on songeât à m'en empêcher. La vérité est que le capitaine ne paraissait pas plus s'inquiéter de ma présence qu'il ne l'avait fait jusqu'alors. Ses deux compagnons venaient de le rejoindre. Ils ne tardèrent pas à entrer tous trois dans la grotte dont j'ai parlé. Je pouvais donc examiner l'appareil, – à l'extérieur du moins. Quant à ses dispositions intérieures, il est probable que j'en serais réduit aux conjectures.

En effet, sauf celui de ma cabine, les autres panneaux étaient fermés, et c'est en vain que j'essayai de les ouvrir. Après tout, peut-être était-il plus intéressant de reconnaître quel moteur employait l'*Épouvante* dans ses multiples transformations.

Je sautai à terre, et j'eus tout le loisir de procéder à ce premier examen.

L'appareil était de structure fusiforme, l'avant plus aigu que l'arrière, la coque en aluminium, les ailes en une substance dont je ne pus déterminer la nature. Il reposait sur quatre roues d'un diamètre de deux pieds, garnies à la jante de pneus très épais qui assuraient la douceur du roulement à toute vitesse. Leurs rayons s'élargissaient comme des palettes, et, alors que l'*Épouvante* se mouvait sur ou sous les eaux, elles devaient accélérer sa marche.

Mais ces roues ne formaient pas le principal moteur. Celui-ci comprenait deux turbines Parson's, placées longitudinalement de chaque côté de la quille. Mues avec une extrême rapidité par la machine, elles provoquaient le déplacement en se vissant dans l'eau, et je me demandai même si elles ne s'employaient pas à la propulsion à travers les milieux atmosphériques.

En tout cas, si l'appareil se soutenait et se mouvait en l'air, c'était grâce à ces grandes ailes rabattues, à l'état de repos, sur ses flancs, comme des dérives. C'était donc le système du « plus lourd que l'air », appliqué par l'inventeur, – système qui lui permettait de se transporter dans l'espace avec une vitesse supérieure peut-être à celle des plus puissants oiseaux.

Quant à l'agent qui mettait en action ces divers mécanismes, je le répète, c'était, ce ne pouvait être que l'électricité. Mais à quelle source la puisaient les accumulateurs ?... Existait-il quelque part une fabrique d'énergie électrique où ils s'alimentaient ?... Est-ce que des dynamos fonctionnaient dans une des cavernes de ce cirque ?...

De mon examen, il résultait donc que si cet appareil faisait usage de roues, de turbines, d'ailes, je ne savais rien ni du mécanisme ni de l'agent qui les mettaient en activité. Il est vrai, à quoi m'eût servi la découverte de ce secret ?... Il aurait fallu être libre, et, après ce que je connaissais – même si peu que ce fût –, le Maître du Monde ne me rendrait pas la liberté !...

Restait, il est vrai, la possibilité de m'enfuir. Or, cette occasion se présenterait-elle jamais ?... Et si ce n'était au cours des voyages de l'*Épouvante,* serait-ce lorsqu'elle relâchait dans cette enceinte ?...

Toutefois, première question à résoudre, où était situé ce cirque ?... En quel endroit l'aviateur venait-il d'atterrir ?... Quelle communication existait avec la région environnante ?... Cette enceinte n'offrait-elle aucune issue au-dehors ?... N'y pouvait-on pénétrer qu'en franchissant ses murailles avec un appareil volant ?... Et en quelle partie des États-Unis avions-nous pris terre ?... Assurément, et si rapide qu'eût été son vol, en admettant qu'elle ne fût partie que de la veille, l'*Épouvante* ne pouvait avoir quitté l'Amérique ni même le Nouveau Monde pour l'Ancien !... N'était-il pas raisonnable d'estimer à quelques centaines de lieues seulement le parcours effectué durant la nuit ?...

Il se présentait bien une hypothèse qui, me revenant parfois à l'esprit, méritait d'être examinée, sinon d'être admise. Pourquoi l'*Épouvante* n'aurait-elle pas eu pour port d'attache précisément le Great-Eyry ?... Est-ce que cet appareil volant n'avait pas toute facilité pour y pénétrer ?... Ce que faisaient les vautours et les aigles, un aviateur n'était-il pas capable de le faire ?... Cette aire inaccessible n'offrait-elle pas au Maître du Monde une si mystérieuse retraite que notre police n'avait su découvrir, et dans laquelle il devait se croire hors d'atteinte ?... D'ailleurs, la distance entre Niagara-Falls et cette partie des Montagnes-Bleues ne dépasse pas quatre cent cinquante milles, et, en douze heures, l'*Épouvante* avait pu la franchir !...

Oui ! cette idée prenait peu à peu consistance dans mon cerveau au milieu de tant d'autres !... Et les relations dont je ne voyais pas la nature entre le Great-Eyry et l'auteur de la lettre aux initiales ne s'expliquaient-elles pas ainsi ?... Et les menaces proférées contre moi si je renouvelais ma tentative ?... Et l'espionnage dont j'avais été l'objet ?... Et ces phénomènes dont le Great-Eyry fut le théâtre ne devaient-ils pas lui être attribués pour une raison qui m'échappait encore ?... Oui ! le Great-Eyry !... le Great-Eyry !... Et, puisqu'il m'avait été impossible d'y pénétrer jusqu'alors, me serait-il possible d'en sortir autrement qu'à bord de l'*Épouvante* ?...

Ah ! si la brume se dissipait, peut-être le reconnaîtrais-je ?... Peut-être cette hypothèse se changerait-elle en réalité ?...

Cependant, puisque j'avais toute liberté d'aller et de venir, puisque ni le capitaine ni ses compagnons ne s'inquiétaient de moi, je voulus faire le tour de l'enceinte.

En ce moment, tous trois étant dans cette grotte, à l'extrémité nord de l'ovale, c'est par l'extrémité sud que je commençai mon inspection.

Arrivé près de la muraille, j'en longeai la base creusée de nombreuses anfractuosités. Au-dessus se dressait la paroi lisse de ces roches de feldspath dont est formée la chaîne des Alleghanys. À quelle hauteur montait cette paroi, quelle disposition affectait son arête supérieure, impossibilité de le voir encore, et il fallait attendre que la brume se fût dissipée soit sous la brise, soit sous l'action des rayons solaires.

Entre-temps, je continuais à suivre le contour du massif, dont les cavités n'étaient éclairées que par leur orifice. Divers débris gisaient à l'intérieur, des morceaux de bois, des amas d'herbes sèches. Au-dedans se voyaient encore les empreintes de pas que le capitaine et ses compagnons avaient laissées sur le sable.

Du reste, ils ne se montraient pas, très occupés sans doute dans cette grotte, devant laquelle étaient déposés plusieurs ballots. Ces ballots, devaient-ils les transporter à bord de l'*Épouvante,* et procédaient-ils à une sorte de déménagement en vue de définitivement quitter cette retraite ?...

Le tour achevé, en une demi-heure, je revins vers le centre. Çà et là, s'entassaient de larges couches de cendres refroidies, blanchies par le temps, des restes de poutres et de planches calcinées, des montants auxquels adhéraient encore leurs ferrures, des armatures métalliques tordues au feu, débris d'un mécanisme détruit par incinération.

Assurément, à une époque plus ou moins récente, ce cirque avait été le théâtre d'un incendie, volontaire ou accidentel... Et comment ne pas faire un rapprochement entre cet incendie et les phénomènes observés au Great-Eyry, ces flammes apparaissant au-dessus de l'enceinte, ces bruits qui traversaient les airs, et dont s'étaient tant effrayés les habitants du district, ceux de Pleasant-Garden et ceux de Morganton ?... Mais quel était donc ce matériel, et quel intérêt le capitaine avait-il eu à le détruire ?...

En ce moment, passa toute une risée de brise qui commençait à s'élever dans l'est. Le ciel subitement se dégagea des vapeurs. L'enceinte fut inondée de lumière sous les rayons du soleil, à mi-chemin de l'horizon et du zénith.

Un cri m'échappa !...

L'arête du cadre rocheux venait de se découvrir à la hauteur d'une centaine de pieds... Et du côté de l'est saillit à mes regards cette silhouette si reconnaissable, ce roc taillé en forme d'aigle...

C'était bien celui que nous avions remarqué, M. Elias Smith et moi, lors de notre ascension au Great-Eyry !...

Ainsi, plus de doute ! Pendant la nuit dernière, dans son vol, l'aviateur avait franchi la distance comprise entre le lac Érié et la Caroline du Nord !... C'était au fond de cette aire que se remisait l'appareil !... C'était ce nid digne du puissant et gigantesque oiseau créé par le génie de son inventeur, duquel il était impossible à tout autre que lui de franchir les infranchissables murailles ?... Et qui sait même s'il n'avait pas découvert, en quelque profonde anfractuosité, une communication souterraine avec le dehors, et qui lui permettait de quitter le Great-Eyry, en y laissant l'*Épouvante* ?...

Ainsi se fit toute complète révélation dans mon esprit !... Ainsi s'expliquait la première lettre venue du Great-Eyry, qui me menaçait de mort !... Et, si nous avions pu pénétrer dans ce cirque, qui sait si les secrets du Maître du Monde n'eussent pas été découverts avant qu'il eût pu se mettre hors d'atteinte ?...

J'étais là, immobile, les yeux fixés sur l'aigle de pierre, en proie à une émotion violente !... Et, quoi qu'il pût en arriver, je me demandais si, cet appareil, je ne devrais pas tenter de le détruire avant qu'il ne reprît son vol à travers le monde !...

Des pas se firent entendre.

Je me retournai...

Le capitaine s'avançait vers moi, et, s'arrêtant, il me regarda en face.

Alors je ne pus me contenir, et ces mots m'échappèrent : « Le Great-Eyry !... Le Great-Eyry !...

– Oui !... Inspecteur Strock !...

– Et vous... le Maître du Monde ?...

– De ce monde auquel il s'est déjà révélé comme le plus puissant des hommes !...

– Vous ?... m'écriai-je au comble de la stupéfaction.

– Moi... répondit-il, en se redressant dans tout son orgueil, moi... Robur... Robur-le-Conquérant ! »

XVI

Robur-le-Conquérant

Une taille moyenne, avec carrure géométrique – ce que serait un trapèze régulier dont le plus grand côté est formé par la ligne des épaules. Sur cette ligne, rattachée par un cou robuste, une énorme tête sphéroïdale. Des yeux que la moindre émotion devait porter à l'incandescence, et au-dessus, en permanente contraction, le muscle sourcilier, signe d'extrême énergie. Des cheveux courts, un peu crépus, à reflets métalliques, comme eût été un toupet de paille de fer, large poitrine qui s'élevait et s'abaissait avec des mouvements de soufflet de forge, des bras, des mains, des jambes dignes du tronc, pas de moustaches, pas de favoris, une large barbiche à l'américaine, qui laissait voir les attaches de la mâchoire, dont les masséters devaient posséder une puissance formidable.

Tel était le portrait de l'homme extraordinaire que reproduisirent tous les journaux de l'Union, à la date du 13 juin 18..., le lendemain du jour où ce personnage fit son apparition sensationnelle à la séance du Weldon-Institut de Philadelphie.

Et c'était ce Robur-le-Conquérant qui venait de se révéler à moi, en me jetant son nom retentissant comme une menace, et dans l'enceinte même du Great-Eyry !...

Il est nécessaire de rappeler succinctement les faits qui attirèrent sur ledit Robur l'attention de tout le pays. D'eux découlent les conséquences de cette prodigieuse aventure dont le dénouement était en dehors des prévisions humaines.

Dans la soirée du 12 juin, à Philadelphie, se tenait une assemblée du Weldon-Institut, président Uncle Prudent, l'un des personnages les plus importants de ce chef-lieu de l'État de Pennsylvanie ; secrétaire, Phil Evans, non moins important personnage de la même ville. On discutait la grande question des ballons dirigeables. Par les soins du conseil d'administration, un aérostat cubant quarante mille mètres cubes, le *Go a head,* venait d'être construit. Son déplacement horizontal devait s'effectuer sous l'action d'une dynamo, à la fois légère et puissante, dont on attendait les meilleurs résultats, et qui actionnerait une hélice. Mais où serait établie cette hélice, à l'arrière de la nacelle, suivant les uns, ou à l'avant, suivant les autres !...

Cette question ne se trouvait pas encore réglée, et, ce jour-là, elle mettait aux prises les « Avantistes » et les « Arriéristes ». La discussion devint même si vive que certains membres du Weldon-Institut allaient en venir aux mains lorsque, au plus fort de la mêlée, un étranger demanda à être introduit dans la salle des séances.

Il le fut sous le nom de Robur. Après avoir réclamé la parole, il l'obtint au milieu d'un silence général. Prenant alors franchement position dans le débat relatif aux ballons dirigeables, il déclara que, puisque l'homme était devenu le maître des mers avec le navire mû par la voile, par la roue ou par l'hélice, il ne deviendrait le maître des espaces atmosphériques que par l'emploi d'appareils plus lourds que l'air, attendu qu'il faut être plus lourd pour s'y mouvoir en toute liberté.

C'était l'éternelle lutte entre l'aérostation et l'aviation. Dans cette séance où dominaient les partisans du plus léger que l'air, elle reprit avec une telle intensité que Robur, auquel d'ironiques rivaux donnèrent le nom de Conquérant, dut quitter la salle.

Mais, après la disparition de ce singulier personnage, quelques heures plus tard, le président et le secrétaire du Weldon-Institut furent l'objet d'un audacieux enlèvement. Au moment où ils traversaient Fairmont-Park, accompagnés du valet Frycolin, plusieurs hommes se jetèrent sur eux, les bâillonnèrent, les ligotèrent ; puis, malgré leur résistance, ils les emportèrent à travers les allées désertes et les introduisirent dans un appareil, placé au milieu d'une clairière. Le jour venu, prisonniers dans l'aviateur de Robur, ils planaient au milieu des airs au-dessus d'un pays qu'ils cherchaient vainement à reconnaître.

Uncle Prudent et Phil Evans allaient constater par eux-mêmes que l'orateur de la veille ne les avait pas trompés, qu'il possédait une machine aérienne fondée sur le principe du plus lourd que l'air, laquelle, par bonne ou mauvaise chance – ils le verraient bien –, leur réservait un extraordinaire voyage.

Cet appareil, imaginé et construit par l'ingénieur Robur, reposait sur le double fonctionnement de l'hélice qui, en tournant, progresse dans la direction de son axe. Si cet axe est vertical, elle se déplace verticalement ; s'il est horizontal, elle se déplace horizontalement. Tel l'hélicoptère, qui s'élève parce qu'il frappe obliquement l'air comme s'il se mouvait sur un plan incliné.

Cet aviateur, l'*Albatros,* se composait d'un bâti long de trente mètres, muni de deux propulseurs, l'un à l'avant, l'autre à l'arrière, et d'un jeu de trente-sept hélices suspensives d'axe vertical, soit quinze de chaque côté du bâti, et sept plus élevées au milieu de l'appareil. Cela constituait un ensemble de trente-sept mâts, gréés de branches au lieu de voiles, et auxquelles les machines, installées dans les roufs de la plate-forme, imprimaient une rotation prodigieuse.

Quant à la force employée pour soutenir et mouvoir cet aviateur, elle n'était fournie ni par la vapeur d'eau ou tout autre liquide, ni par l'air comprimé ou autre gaz élastique. Ce n'était pas non plus aux mélanges explosifs que Robur l'avait demandée, mais bien à cet agent qui se prête à tant d'usages, à l'électricité. Maintenant, comment et où l'inventeur puisait-il cette électricité dont il chargeait ses piles et ses accumulateurs ?... Très probablement – on n'a jamais connu son secret –, il la tirait de l'air ambiant, toujours plus ou moins chargé de fluide, ainsi, d'ailleurs, que la tirait de l'eau ambiante ce célèbre capitaine Nemo, lorsqu'il lançait son *Nautilus* travers les profondeurs de l'Océan.

Et ce secret, il faut le dire, ni Oncle Prudent ni Phil Evans ne devaient le découvrir pendant toute la durée d'un voyage aérien qui allait promener l'*Albatros* au-dessus du sphéroïde terrestre.

Le personnel, aux ordres de l'ingénieur Robur, comprenait un contremaître, nommé John Turner, trois mécaniciens, deux aides, et un cuisinier, en tout huit hommes qui suffisaient au service du bord.

Et, ainsi que le dit Robur aux deux passagers – ses compagnons malgré eux –, « Avec mon aviateur, je suis le maître de cette septième partie du monde, plus vaste que l'Australie, l'Océanie, l'Asie, l'Amérique, l'Europe, cette Icarie aérienne, cet immense domaine de l'atmosphère, que des milliers d'Icariens parcourront dans un prochain avenir ! »

Alors commença cette aventureuse campagne à bord de l'*Albatros* et, pour son début, au-dessus des vastes territoires du Nord-Amérique. En vain Uncle Prudent et Phil Evans firent-ils entendre des réclamations bien justifiées, elles furent repoussées par Robur, en vertu du droit du plus fort. Ils durent se résigner, ou plutôt céder devant ce droit.

L'*Albatros,* courant vers l'ouest, dépassa l'énorme chaîne des montagnes Rocheuses, les plaines californiennes ; puis, laissant en arrière San Francisco, il traversa la zone septentrionale du Pacifique jusqu'à la presqu'île du Kamtchatka. Sous les yeux des passagers de l'aviateur s'étendirent alors les régions du Céleste Empire, et Pékin, la capitale chinoise, fut aperçue dans sa quadruple enceinte. Enlevé par ses hélices suspensives l'aviateur monta à de plus hautes altitudes, dépassant les cimes de l'Himalaya, ses sommets blancs de neige et ses glaciers étincelants. Cette route vers l'ouest, il n'en dévia pas. Après avoir battu l'air au-dessus de la Perse et de la mer Caspienne, il franchit la frontière européenne, puis les steppes moscovites, en suivant la vallée de la Volga, aperçu de Moscou, aperçu de Pétersbourg, signalé par les habitants de la Finlande, par des pêcheurs de la Baltique. Abordant la Suède au parallèle de Stockholm et la Norvège à la latitude de Christiania, il redescendit vers le sud, plana à mille mètres au-dessus de la France, et s'abaissant sur Paris, il domina la grande capitale d'une centaine de pieds, tandis que ses fanaux projetaient d'éblouissantes gerbes de lumière. Enfin défilèrent l'Italie, avec Florence, Rome et Naples, la Méditerranée qui fut traversée d'un vol oblique. L'aéronef avait atteint les côtes de l'immense Afrique qu'il parcourut depuis le cap Spartel du Maroc jusqu'à l'Égypte, au-dessus de l'Algérie, de la Tunisie, de la Tripolitaine. Revenant vers Tombouctou, la Reine du Soudan, il s'aventura à la surface de l'Atlantique.

Et, toujours, il marchait en direction du sud-ouest, et rien ne put l'arrêter au-dessus de cette immense plaine liquide, rien, pas même les orages qui éclataient avec une extrême violence, pas même une de ces formidables trombes qui l'enveloppa de tourbillons et d'où, grâce au sang-froid et à l'adresse de son pilote, il put se dégager en la brisant à coups de canon.

Lorsque la terre réapparut, ce fut à l'entrée du détroit de Magellan. L'*Albatros* le traversa du nord au sud pour l'abandonner à l'extrémité du cap Horn et s'élancer au-dessus des parages méridionaux de l'océan Pacifique.

Alors, bravant les régions désolées de la mer Antarctique, après avoir lutté contre un cyclone dont il parvint à gagner le centre relativement calme, Robur se promena sur ces contrées, presque inconnues, de la terre de Graham ; au milieu des magnificences d'une aurore australe, il se balança pendant quelques heures au-dessus du pôle. Repris par l'ouragan, entraîné vers l'Erebus, qui vomissait ses flammes volcaniques, ce fut miracle s'il put leur échapper.

Enfin, dès la fin de ce mois de juillet, après être remonté vers le Pacifique, il s'arrêta à portée d'une île de l'océan Indien. L'ancre, lancée au-dehors, mordit aux rochers du littoral, et l'*Albatros,* pour la première fois depuis son départ, demeura immobile à cent cinquante pieds du sol, maintenu par ses hélices suspensives.

Cette île, ainsi que Uncle Prudent et son compagnon allaient l'apprendre, était l'île Chatam, à 15° dans l'est de la Nouvelle-Zélande. Si l'aéronef venait d'y prendre contact, c'est que ses propulseurs, avariés dans le dernier ouragan, exigeaient des réparations sans lesquelles il n'aurait pu regagner l'île X, distante encore de deux mille huit cents milles, – île inconnue de l'océan Pacifique, où avait été construit l'*Albatros.*

Uncle Prudent et Phil Evans comprenaient bien que, réparations faites, l'aviateur reprendrait ses interminables voyages. Aussi, alors qu'il était attaché au sol, l'occasion leur parut-elle favorable pour tenter une évasion.

Le câble de l'ancre qui retenait l'*Albatros* mesurait au plus cent cinquante pieds. En s'y laissant glisser, les deux passagers et leur valet Frycollin atteindraient la terre sans trop de peine, et, si l'évasion s'effectuait de nuit, ils ne risquaient point d'être aperçus. Il est vrai, au retour de l'aube, la fuite serait découverte, les fugitifs ne pourraient s'échapper de l'île Chatam, et ils seraient repris.

Voici alors l'audacieux parti auquel ils s'arrêtèrent : faire sauter l'appareil au moyen d'une cartouche de dynamite, prise aux munitions du bord, casser les ailes au puissant aviateur, le détruire avec son inventeur et son équipage. Avant que cette cartouche eût fait explosion, ils auraient le temps de fuir par le câble et assisteraient à la chute de l'*Albatros* dont il ne resterait plus pièce.

Ce qu'ils avaient décidé de faire, ils le firent. La cartouche allumée, dès le soir venu, tous trois, sans avoir été vus, glissèrent jusqu'au sol. Mais, à ce moment, leur évasion fut découverte. Des coups de fusil, partis de la plate-forme, furent tirés sans les atteindre. Alors Uncle Prudent, se jetant sur le câble de l'ancre, le trancha, et l'*Albatros,* ne disposant plus de ses hélices propulsives, fut emporté par le vent, et, bientôt brisé par l'explosion, il s'abîmait dans les flots de l'océan Pacifique.

On ne l'a point oublié, c'était dans la nuit du 12 au 13 juin, que Uncle Prudent, Phil Evans, Frycollin, au sortir du Weldon-Institut avaient disparu. Depuis lors, aucune nouvelle d'eux. Impossible de former une hypothèse à ce sujet. Existait-il une corrélation quelconque entre cette extraordinaire disparition et l'incident Robur pendant la mémorable séance ?... Cette pensée ne vint et n'aurait pu venir à personne.

Mais les collègues des deux honorables s'inquiétèrent de ne plus les revoir. On fit des recherches, la police s'en mêla, des télégrammes furent lancés dans toutes les directions, à travers le nouveau comme l'ancien continent. Résultats absolument nuls. Même une prime de cinq mille dollars, promise à tout citoyen qui apporterait quelque information relative aux disparus, resta dans la caisse du Weldon-Institut.

Telle était la situation. L'émotion, particulièrement aux États-Unis, fut extrême, et j'en ai conservé un vif souvenir.

Or, le 20 septembre, une nouvelle, qui courut d'abord à Philadelphie, se propagea immédiatement au-dehors.

Uncle Prudent et Phil Evans avaient réintégré dans l'après-midi le domicile du président du Weldon-Institut.

Le soir même, convoqués en séance, les membres reçurent avec enthousiasme leurs deux collègues. Aux questions qui leur furent posées, ceux-ci répondirent avec la plus grande réserve ou, pour mieux dire, ils ne répondirent pas. Or, voici ce qui fut révélé plus tard.

Après l'évasion et la disparition de l'*Albatros,* Uncle Prudent et Phil Evans s'occupèrent d'assurer leur existence, en attendant l'occasion de quitter l'île Chatam, dès qu'elle se présenterait. Sur la côte occidentale, ils rencontrèrent une tribu d'indigènes, qui ne leur fit point mauvais accueil. Mais cette île est peu fréquentée, les navires y relâchent rarement. Il fallut donc s'armer de patience, et ce fut seulement cinq semaines après, que ces naufragés de l'air purent s'embarquer pour l'Amérique.

Or, dès leur retour, sait-on quelle fut l'unique préoccupation d'Uncle Prudent et de Phil Evans ?... Tout simplement de reprendre le travail interrompu, d'achever la construction du ballon *Go a head,* et de s'élancer de nouveau à travers les hautes zones de l'atmosphère qu'ils venaient de parcourir, et dans quelles conditions, à bord de l'aéronef ! S'ils ne l'eussent pas fait, ils n'auraient pas été de vrais Américains.

Le 20 avril de l'année suivante, l'aérostat était prêt à partir sous la direction de Harry W. Tinder, le célèbre aéronaute, que devaient accompagner le président et le secrétaire du Weldon-Institut.

Je dois ajouter que, depuis leur retour, personne n'avait entendu parler de Robur, pas plus que s'il n'eût jamais existé. Et, d'ailleurs, n'y avait-il pas toute raison de croire que son aventureuse carrière s'était terminée après l'explosion de l'*Albatros,* englouti dans les profondeurs du Pacifique ?...

Le jour de l'ascension arriva. J'étais là, avec des milliers de spectateurs, dans le parc de Fairmont. Le *Go a head* allait s'élever aux dernières hauteurs, grâce à son énorme volume. Il va sans dire que la question des avantistes et des arriéristes avait été résolue d'une façon aussi simple que logique : une hélice à l'avant de la nacelle, une hélice à l'arrière, que l'électricité devait actionner avec une puissance supérieure à tout ce qui s'était fait jusqu'à ce jour.

Du reste, temps propice, s'il en fut, ciel sans nuages et sans un souffle de vent.

À onze heures vingt, un coup de canon annonça à toute cette foule que le *Go a head* était prêt à partir.

« Lâchez tout ! »

Ce cri sacramentel fut jeté d'une voix forte par Uncle Prudent lui-même. L'aérostat s'éleva majestueusement et lentement dans les airs. Puis commencèrent les épreuves de déplacement suivant l'horizontale, – opération qui fut couronnée du plus éclatant succès.

Tout à coup un cri retentit, – un cri que cent mille bouches répétèrent !...

Dans le nord-ouest apparaissait un corps mobile qui s'approchait avec une excessive vitesse.

C'était le même appareil, qui, l'année précédente, après avoir enlevé les deux collègues du Weldon-Institut, les avait promenés au-dessus de l'Europe, de l'Asie, de l'Afrique, des deux Amériques.

« L'*Albatros* !... l'*Albatros* !... »

Oui... c'était lui, et nul doute que son inventeur Robur ne fût à bord, Robur-le-Conquérant !

Et quelle dut être la stupéfaction d'Uncle Prudent et de Phil Evans à revoir cet *Albatros* qu'ils croyaient détruit !... Il l'avait été, en effet, par l'explosion, et ses débris étaient tombés dans le Pacifique, avec l'ingénieur et tout son personnel ! Mais, presque aussitôt recueillis par un navire, ils furent conduits en Australie, d'où ils ne tardèrent pas à regagner l'île X.

Robur n'eut plus qu'une pensée : se venger. Aussi, pour assurer sa vengeance, construisit-il un second aéronef, plus perfectionné peut-être. Puis, ayant appris que le président et le secrétaire du Weldon-Institut, ses anciens passagers, s'apprêtaient à reprendre les expériences du *Go a head*, il avait fait route vers les États-Unis et il était là au jour dit, à l'heure dite.

Est-ce donc que, gigantesque oiseau de proie, il va fondre sur le *Go a head* ?... En même temps qu'il se vengera, est-ce que Robur veut démontrer publiquement la supériorité de l'aéronef sur les aérostats et autres appareils plus légers que l'air ?...

Dans leur nacelle, Uncle Prudent et Phil Evans se rendirent compte du danger qui les menaçait, du sort qui les attendait. Il fallait fuir, non pas d'une fuite horizontale, dans laquelle le *Go a head* serait facilement devancé, mais en gagnant les hautes zones où il avait chance, peut-être, d'échapper à son terrible adversaire.

Le *Go a head* s'éleva donc jusqu'à une hauteur de cinq mille mètres. L'*Albatros* le suivit dans son mouvement ascensionnel, et, ainsi que le dirent les journaux, dont ma mémoire garde l'exact récit, il évoluait sur ses flancs, il l'enserrait de cercles dont le rayon diminuait à chaque tour. Allait-il l'anéantir d'un bond en crevant sa fragile enveloppe ?...

Le *Go a head,* se débarrassant d'une partie de son lest, monta de mille mètres encore... L'*Albatros,* imprimant à ses hélices leur maximum de rotation, le suivit jusque-là.

Soudain, une explosion se produisit. L'enveloppe du ballon venait de se déchirer sous la pression du gaz trop dilaté à cette altitude, et, à demi dégonflé, il tombait rapidement.

Et, alors, voici que l'*Albatros* se précipite vers lui, non pour l'achever, mais pour lui porter secours. Oui ! Robur, oubliant sa vengeance, a rejoint le *Go a head* et ses hommes, enlevant Uncle Prudent, Phil Evans, l'aéronaute, les firent passer sur la plate-forme de l'aéronef. Puis le ballon, presque entièrement vide, retomba, énorme loque, sur les arbres de Fairmont-Park.

Le public haletait d'émotion, de frayeur !...

Et maintenant que le président et le secrétaire du Weldon-Institut étaient redevenus les prisonniers de l'ingénieur Robur, que se passerait-il ?... Robur voulait-il les entraîner avec lui dans l'espace, et pour jamais, cette fois ?...

On fut presque aussitôt fixé à ce sujet. Après avoir stationné quelques minutes à la hauteur de cinq à six cents mètres, l'*Albatros* commença à redescendre, comme pour atterrir sur la clairière de Fairmont-Park. Et, pourtant, s'il venait à portée, la foule, affolée, se retiendrait-elle assez pour ne pas se jeter sur l'aéronef, et laisserait-elle s'échapper cette occasion de s'emparer de Robur-le-Conquérant ?...

L'*Albatros* descendait toujours, et, lorsqu'il ne fut plus qu'à cinq ou six pieds du sol, ses hélices suspensives fonctionnant toujours, il s'arrêta :

Il y eut comme un mouvement général pour envahir la clairière.

Alors la voix de Robur se fit entendre, et voici textuellement les paroles qu'il prononça :

« Citoyens des États-Unis, le président et le secrétaire du Weldon-Institut sont de nouveau en mon pouvoir. En les gardant, je ne ferais qu'user de mon droit de représailles. Mais, à la passion qu'excitent les succès de l'*Albatros,* j'ai compris que l'état des esprits n'était pas prêt pour l'importante révolution que la conquête de l'air doit amener un jour ! Uncle Prudent, Phil Evans, vous êtes libres. »

Le président, le secrétaire du Weldon-Institut, l'aéronaute Tinder eurent en un instant sauté à terre, et l'aéronef remonta d'une trentaine de pieds au-dessus du sol, hors de toute atteinte.

Robur continua en ces termes :

« Citoyens des États-Unis, mon expérience est faite, mais il ne faut arriver qu'à son heure... C'est trop tôt encore pour avoir raison des intérêts contradictoires et divisés. Je pars donc, et j'emporte mon secret avec moi. Il ne sera pas perdu pour l'humanité, et lui appartiendra le jour où elle sera assez instruite pour n'en jamais abuser. Salut, citoyens des États-Unis ! »

Puis, l'*Albatros,* enlevé par ses hélices, poussé par ses propulseurs, disparut dans la direction de l'est au milieu des hourras de la foule.

J'ai tenu à rapporter cette dernière scène en détail, et pour la raison qu'elle fait connaître l'état d'esprit de cet étrange personnage. Il ne paraissait pas qu'il fût alors animé de sentiments hostiles contre l'humanité. Il se contentait de réserver l'avenir. Mais, assurément, on sentait dans son attitude l'inébranlable confiance qu'il avait en son génie, l'immense orgueil que lui inspirait sa surhumaine puissance.

On ne s'étonnera donc pas que ces sentiments se fussent peu à peu aggravés au point qu'il prétendait s'asservir le monde entier, ainsi que le marquaient sa dernière lettre, et ses menaces très significatives. Fallait-il donc admettre que, avec le temps, sa surexcitation mentale s'était accrue dans une mesure effrayante, qu'elle risquait de l'entraîner aux pires excès ?...

Quant à ce qui s'était passé depuis le départ de l'*Albatros,* ce que je savais me permettait de le reconstituer aisément. Il n'avait pas suffi à ce prodigieux inventeur de créer une machine volante, si perfectionnée qu'elle fût. La pensée lui était venue de construire un appareil apte à se mouvoir sur terre, sur et sous les eaux comme à travers l'espace. Et, probablement, dans le chantier de l'île X, un personnel de choix, qui garda le secret, parvint à établir de toutes pièces l'appareil à triple transformation. Puis, le second *Albatros* fut détruit, et, sans doute, dans cette enceinte du Great-Eyry, infranchissable à tout autre. L'*Épouvante* fit alors son apparition sur les routes des États-Unis, dans les mers voisines, à travers les zones aériennes de l'Amérique. Et l'on sait en quelles conditions, après avoir été vainement poursuivie à la surface du lac Érié, elle s'échappa par la voie des airs, tandis que j'étais prisonnier à bord !

XVII

Au nom de la loi !...

Quelle serait l'issue de l'aventure dans laquelle je m'étais engagé ?... Son dénouement, proche ou lointain, pouvais-je le provoquer ?... Seul, Robur ne le tenait-il pas entre ses mains ?... Je n'aurais probablement jamais la possibilité de m'enfuir, ainsi que l'avaient fait Uncle Prudent et Phil Evans sur l'île Chatam... Il fallait attendre, et que durerait cette attente ?...

En tout cas, si ma curiosité se trouvait partiellement satisfaite, elle ne l'était que pour ce qui concernait le mystère du Great-Eyry. Ayant enfin visité cette enceinte, je connaissais la cause des phénomènes observés dans cette région des Montagnes-Bleues. J'avais la certitude que ni les campagnards de ce district de la Caroline du Nord, ni les habitants de Pleasant-Garden et de Morganton n'étaient menacés d'une éruption ou d'un tremblement de terre. Aucune force plutonienne ne travaillait les entrailles du sol. Aucun cratère ne s'ouvrait en ce coin des Alleghanys. Le Great-Eyry servait simplement de retraite à Robur-le-Conquérant. Cette aire infranchissable où il mettait en dépôt son matériel, ses approvisionnements, le hasard, sans doute, la lui avait fait découvrir pendant un de ses voyages aériens, retraite plus sûre probablement que cette île X, de l'océan Pacifique...

Oui, mais si ce secret m'était révélé, du merveilleux appareil de locomotion, de ses divers modes de fonctionnement, que savais-je en somme ?... En admettant que son multiple mécanisme fût actionné par l'électricité, et que cette électricité, comme l'*Albatros,* il la tirât par des procédés nouveaux de l'air ambiant, comment était disposé ce mécanisme ?... On ne m'en avait laissé, on ne m'en laisserait rien voir.

Sur la question de ma liberté, et si elle me serait rendue quelque jour, je me disais :

« Assurément, Robur tient à rester inconnu... Quant à ce qu'il compte faire de son appareil, je crains – me rappelant ses menaces – qu'on n'en doive attendre plus de mal que de bien !... En tout cas, cet incognito qu'il a gardé dans le passé, nul doute qu'il ne veuille le conserver dans l'avenir !... Or, un seul homme est capable d'établir l'identité du Maître du Monde et de Robur-le-Conquérant : cet homme, c'est moi, son prisonnier, moi qui ai le droit de l'arrêter, moi qui ai le devoir de lui mettre la main sur l'épaule au nom de la loi !...

D'autre part, comment attendre un secours du dehors ?... Évidemment non. Les autorités n'ignoraient plus rien de ce qui s'était passé à Black-Rock... Les agents John Hart et Nab Walker avaient dû rentrer à Washington avec Wells... M. Ward, mis au courant, ne pouvait se faire illusion sur mon sort, et la question se posait en ces termes :

Ou, lorsque l'*Épouvante* quitta la crique, m'entraînant au bout de son amarre, j'avais été noyé dans les eaux de l'Érié ; ou, recueilli à bord de l'*Épouvante,* j'étais entre les mains de son capitaine.

Dans le premier cas, il n'y avait plus qu'à faire son deuil de John Strock, inspecteur principal de police à Washington.

Dans le second, comment espérer de jamais le revoir ?...

On le sait, pendant le reste de la nuit et la journée suivante, l'*Épouvante* navigua à la surface de l'Érié. Vers quatre heures, aux approches de Buffalo, deux destroyers lui donnèrent la chasse, et, soit en les gagnant de vitesse, soit en s'immergeant, elle finit par leur échapper. S'ils la poursuivirent entre les rives du Niagara, ils s'arrêtèrent, alors que le courant menaçait de les entraîner vers les chutes... Le jour tombait, et que dut-on penser à bord des destroyers, sinon que l'*Épouvante* s'était engloutie au fond des abîmes de la cataracte ?... D'ailleurs, la nuit étant venue, tout portait à croire que l'aviateur n'avait été aperçu ni lorsqu'il se dégagea du Horse-Shoe-Fall ni durant le cours de son voyage aérien jusqu'au Great-Eyry...

Quant à ce qui me concernait, me déciderais-je à questionner Robur ?... Consentirait-il même à paraître m'entendre ?... Ne lui suffirait-il pas de m'avoir jeté son nom, et, dans sa pensée, ce nom ne répondait-il pas à tout ?...

La journée s'écoulait sans apporter le moindre changement à la situation. Robur et ses hommes s'occupaient activement de l'appareil dont les machines nécessitaient diverses réparations. J'en conclus qu'il ne tarderait pas à repartir et que je serais du voyage. Il est vrai, on aurait pu me laisser au fond de cette enceinte, d'où il m'eût été impossible de sortir, et où la vie matérielle m'aurait été assurée pour de longs jours...

Ce que j'observai très particulièrement, ce fut l'état moral de ce Robur qui me parut sous l'empire d'une exaltation permanente. Que méditait son cerveau en constante ébullition ?... Quels projets formait-il pour l'avenir ?... Vers quelle région se dirigerait-il ?... Voulait-il mettre à exécution les menaces proférées dans sa lettre, – menaces de fou, assurément ?...

La nuit qui suivit cette première journée, je dormis sur une litière d'herbes sèches dans une des grottes du Great-Eyry, où des aliments étaient mis à ma disposition. Les 2 et 3 août, les travaux continuèrent, et, tout à leur travail, c'est à peine si Robur et ses compagnons échangeaient quelques paroles. Ils s'occupèrent aussi de renouveler les provisions, peut-être en vue d'une longue absence. Et qui sait si l'*Épouvante* n'allait pas s'aventurer à travers d'immenses espaces, si son capitaine n'avait pas l'intention de regagner cette île X en plein océan Pacifique ?... Parfois, je le voyais errer pensivement à travers l'enceinte, s'arrêter, lever un bras vers le ciel, le dresser contre ce Dieu avec lequel il prétendait partager l'empire du monde !... Et son orgueil immense ne le conduirait-il pas à la folie, – folie que ses compagnons, non moins extravagants, ne pourraient maîtriser ?... À quelles invraisemblables aventures ne se laisseraient-ils pas entraîner ?... Ne se croirait-il pas plus fort que les éléments qu'il bravait, si audacieusement déjà, alors qu'il ne disposait que d'un aéronef ?... Maintenant, la terre, les eaux, les airs ne lui offraient-ils pas un champ infini, où nul ne pouvait le poursuivre ?...

Je devais donc tout craindre de l'avenir, même les pires catastrophes. Quant à m'échapper du Great-Eyry avant d'être entraîné dans un nouveau voyage, c'était impossible ! Puis, lorsque l'*Épouvante* serait en cours de vol ou de navigation, comment m'évader, à moins qu'elle ne courût les routes à moyenne vitesse ?... Faible espoir, on en conviendra !

On le sait, depuis mon arrivée au Great-Eyry, j'avais essayé d'obtenir une réponse de Robur, en ce qui me concernait, mais inutilement. Ce jour-là, je fis une nouvelle démarche.

L'après-midi, j'allais et venais devant la principale grotte de l'enceinte. Posté à l'entrée, Robur me suivait des yeux avec une certaine insistance. Est-ce qu'il avait l'intention de me parler ?...

Je m'approchai.

« Capitaine, dis-je, je vous ai déjà posé une question à laquelle vous n'avez pas voulu répondre... Cette question, je la renouvelle : Que voulez-vous faire de moi ? »

Nous étions en face l'un de l'autre, à deux pas. Les bras croisés, il me regardait, et je fus effrayé de son regard. Effrayé ! c'est le mot !... Ce n'était pas celui d'un homme possédant toute sa raison, un regard qui semblait n'avoir plus rien d'humain !

Ma question fut répétée d'une voix plus impérieuse. Un instant, je crus que Robur allait sortir de son mutisme.

« Que voulez-vous faire de moi ?... Me rendrez-vous la liberté ? »...

Évidemment, Robur était en proie à quelque obsession qui ne le quittait plus. Ce geste, que j'avais déjà observé lorsqu'il parcourait l'enceinte, ce geste, il le fit encore de son bras tendu vers le zénith... Il semblait qu'une irrésistible force l'attirait vers les hautes zones du ciel, qu'il n'appartenait plus à la terre, qu'il était destiné à vivre dans l'espace, hôte perpétuel des couches atmosphériques ?...

Sans m'avoir répondu, sans même avoir paru m'entendre, Robur rentra dans la grotte où le rejoignit Turner.

Combien de temps durerait ce séjour, ou plutôt cette relâche de l'*Épouvante* au Great-Eyry ?... Je l'ignorais. J'observai, pourtant, que l'après-midi de ce 3 août les travaux de réparation et d'appropriation avaient pris fin. Les soutes de l'appareil étaient remplies des provisions emmagasinées à l'intérieur de l'enceinte. Alors Turner et son compagnon apportèrent au centre du cirque tout ce qui restait de matériel, caisses vides, débris de charpente, pièces de bois qui provenaient sans doute de l'ancien *Albatros* sacrifié au nouvel engin de locomotion. Sous cet amas s'étendait une épaisse couche d'herbes sèches. La pensée me vint donc que Robur se préparait à quitter cette retraite sans esprit de retour.

Et, en effet, il n'ignorait pas que l'attention publique avait été attirée sur le Great-Eyry, qu'une tentative venait d'être faite pour y pénétrer... N'avait-il pas à craindre qu'elle fût renouvelée un jour ou l'autre avec plus de succès, que l'on finît par envahir sa retraite, et ne voulait-il pas qu'on n'y pût trouver un seul indice de son installation ?...

Le soleil avait disparu derrière les hauteurs des Montagnes-Bleues. Ses rayons n'enflammaient plus que l'extrémité du Black-Dome qui pointait au nord-est. Probablement, l'*Épouvante* attendrait la nuit pour reprendre son vol. Personne ne savait que d'automobile ou de bateau elle pût se transformer en aviateur. Jusqu'ici, d'ailleurs, elle n'avait jamais été signalée à travers l'espace. Et ne se révélerait-elle sous cette quatrième transformation que le jour où le Maître du Monde voudrait mettre à exécution ses menaces insensées ?...

Vers neuf heures, une profonde obscurité enveloppait l'enceinte. Pas une étoile au ciel que d'épais nuages, chassés par la brise de l'est, venaient d'assombrir. Le passage de l'*Épouvante* ne pourrait être aperçu, ni au-dessus des territoires américains, ni au-dessus des mers voisines.

À ce moment, Turner, s'approchant du bûcher dressé au centre de l'aire, mit le feu à la couche d'herbes.

Tout flamba en un instant. Au milieu d'une lourde fumée, des gerbes éclatantes montèrent à une hauteur qui dépassait les murailles du Great-Eyry. Encore une fois, les habitants de Morganton et de Pleasant-Garden purent croire que le cratère s'était rouvert et ces flammes n'annonçaient-elles pas quelque prochaine éruption !...

Je regardais cet incendie, j'entendais les crépitements qui déchiraient l'air. Debout sur le pont de l'*Épouvante,* Robur regardait aussi. Turner et son compagnon repoussaient dans le foyer les débris que la violence du feu rejetait sur le sol.

Puis, peu à peu, l'éclat diminua. Il n'y eut plus là qu'un brasier éteint sous d'épaisses cendres et le silence reprit au milieu de cette nuit noire.

Soudain, je me sentis saisir par le bras. Turner m'entraînait vers l'appareil. La résistance eût été inutile, et, d'ailleurs, tout plutôt que d'être abandonné sans ressources dans cette enceinte !

Dès que j'eus pris pied sur le pont, Turner et son compagnon embarquèrent, celui-ci se posta à l'avant, et lui-même entra dans la chambre des machines, éclairée par ces ampoules électriques dont la clarté ne filtrait pas au-dehors.

Robur, lui, se tenait à l'arrière, le régulateur à portée de sa main, afin de régler la vitesse et la direction.

Quant à moi, j'avais dû m'affaler au fond de ma cabine, dont le panneau se referma. Pendant cette nuit – pas plus qu'au départ de Niagara-Falls –, il ne me serait permis d'observer les manœuvres de l'*Épouvante*.

Toutefois, si je ne pouvais rien voir de ce qui se faisait à bord, je pouvais du moins entendre les bruits de la machine. J'eus même la sensation que l'appareil, lentement soulevé, perdait contact avec le sol. Quelques balancements se produisirent ; puis les turbines inférieures acquirent une rapidité prodigieuse, tandis que les grandes ailes battaient avec une parfaite régularité.

Ainsi l'*Épouvante* – probablement pour toujours – avait quitté le Great-Eyry, et « repris l'air », comme on dit d'un navire qu'il a repris la mer. L'aviateur planait au-dessus de la double chaîne des Alleghanys, et, sans doute, il n'abandonnerait les hautes zones qu'après avoir dépassé le relief orographique de cette partie du territoire.

Mais quelle direction suivait-il ?... Dominait-il dans son vol les vastes plaines de la Caroline du Nord, se dirigeant vers l'océan Atlantique ?... Au contraire, filait-il vers l'ouest pour traverser l'océan Pacifique ?... Ne gagnait-il pas au sud les parages du golfe du Mexique ?... Le jour venu, comment reconnaîtrais-je au-dessus de quelle mer il se déplacerait, si la ligne du ciel et d'eau l'entourait de toutes parts ?...

Plusieurs heures s'écoulèrent, et combien elles me parurent longues !... Je ne cherchai point à les oublier dans le sommeil. Nombre de pensées, la plupart incohérentes, assaillirent mon esprit. Je me sentais emporté à travers l'impossible, comme je l'étais à travers l'espace par un monstre aérien !... Avec la vitesse qu'il possédait, jusqu'où irait-il durant cette nuit interminable ?... Je me souvenais de l'invraisemblable voyage de l'*Albatros,* dont le Weldon-Institut avait publié le récit d'après les souvenirs d'Uncle Prudent et de Phil Evans !... Ce que fit Robur-le-Conquérant avec son aéronef, il pouvait le faire avec son aviateur, et même dans des conditions plus faciles, à la fois maître des terres, des mers, des airs !...

Enfin les premiers rayons du jour éclairèrent ma cabine. Me serait-il permis d'en sortir, de reprendre ma place sur le pont, ainsi que j'avais pu le faire à la surface du lac Érié ?...

Je poussai le panneau : il s'ouvrit.

Je me redressai à mi-corps. Autour de l'*Épouvante,* tout un horizon de mer. Elle volait au-dessus d'un océan, à une hauteur que j'estimais entre mille et douze cents pieds.

Je n'aperçus pas Robur, occupé dans la chambre des machines.

Turner était à la barre, son compagnon à l'avant.

Dès que je fus sur le pont, je vis ce que je n'avais pu voir lors du voyage nocturne entre les chutes du Niagara et le Great-Eyry, le fonctionnement de ces puissantes ailes qui battaient à tribord et à bâbord, en même temps que les turbines se vissaient dans l'air sous les flancs de l'aviateur.

À la position du soleil, quelques degrés au-dessus de l'horizon, je reconnus que nous marchions vers le sud. Par conséquent, si cette direction ne s'était pas modifiée depuis que l'*Épouvante* avait franchi les murailles de l'enceinte, c'était le golfe du Mexique qui s'étendait sous nos pieds.

Une chaude journée s'annonçait avec de gros nuages livides qui s'élevaient du couchant. Ces symptômes d'un prochain orage n'échappèrent point à Robur, lorsque, vers huit heures, montant sur le pont, il remplaça Turner. Peut-être, le souvenir lui revenait-il de cette trombe dans laquelle l'*Albatros* avait failli se perdre, et du formidable cyclone dont il n'était sorti que par miracle au-dessus des parages antarctiques ?...

Il est vrai, ce que n'eût pu faire un aéronef, en pareil cas, un aviateur le ferait. Il abandonnerait les hautes zones où les éléments seraient en lutte, il redescendrait à la surface de la mer, et si la houle s'y déchaînait avec trop de violence, il saurait retrouver le calme dans ses tranquilles profondeurs.

D'ailleurs, à quelques indices – il possédait sans doute les qualités d'un « weather-wise » –, Robur estima que l'orage n'éclaterait pas ce jour-là. Il maintint donc son vol, et, l'après-midi, lorsqu'il se remit en navigation, ce ne fut point par crainte de mauvais temps. L'*Épouvante* est un oiseau marin, frégate ou alcyon, qui peut se reposer sur les flots, avec cette différence que la fatigue n'a aucune prise sur ses organes métalliques, actionnés par l'inépuisable électricité.

Du reste, cette vaste étendue d'eau était déserte. Ni une voile ni une fumée même aux dernières limites de l'horizon. Le passage de l'aviateur à travers les couches aériennes n'aurait donc pu être signalé.

L'après-midi ne fut marqué par aucun incident. L'*Épouvante* ne marchait qu'à moyenne vitesse. Quelles étaient les intentions de son capitaine, je n'aurais pu le deviner. À suivre cette direction, il rencontrerait l'une ou l'autre des Grandes Antilles, puis, au fond du golfe, le littoral du Venezuela ou de la Colombie. Mais, la nuit prochaine, peut-être l'aviateur reprendrait-il les routes de l'air pour franchir ce long isthme du Guatemala et du Nicaragua, afin de gagner l'île X, dans les parages du Pacifique ?...

Le soir venu, le soleil se coucha sur un horizon d'un rouge sang. La mer brasillait autour de l'*Épouvante,* qui semblait soulever une nuée d'étincelles sur son passage. Il fallait s'attendre à ce que les matelots appellent « un coup de chien ».

Ce fut, sans doute, l'avis de Robur. Au lieu de rester sur le pont, je dus rentrer dans ma cabine, dont le panneau se referma sur moi.

Quelques instants après, au bruit qui se fit à bord, je compris que l'appareil allait s'immerger. En effet, cinq minutes plus tard, il filait paisiblement entre les profondeurs sous-marines.

Très accablé, autant par la fatigue que par les préoccupations, je tombai dans un profond sommeil, naturel cette fois –, et qui n'avait pas été provoqué par quelque drogue soporifique.

À mon réveil – après combien d'heures, impossible de m'en rendre compte –, l'*Épouvante* n'était pas encore remontée à la surface de la mer.

Cette manœuvre ne tarda pas à s'exécuter. La lumière du jour traversa les hublots, en même temps que se prononçaient des mouvements de roulis et de tangage, sous l'influence d'une houle assez forte.

Je pus reprendre place près du panneau, et dirigeai mon premier regard vers l'horizon.

Un orage montait du nord-ouest, des nuages lourds, entre lesquels s'échangeaient de vifs éclairs. Déjà retentissaient les roulements de la foudre, longuement répercutés par les échos de l'espace.

Je fus surpris – plus que surpris – effrayé de la rapidité avec laquelle cet orage gagnait vers le zénith. C'est à peine si un bâtiment aurait eu le temps d'amener sa voilure pour éviter d'engager, tant l'assaut fut aussi prompt que brutal.

Soudain, le vent se déchaîna avec une impétuosité inouïe, comme s'il eût crevé cette barrière de vapeur. En un instant, se souleva une mer effroyable. Les lames échevelées, déferlant sur toute leur longueur, couvrirent en grand l'*Épouvante*. Si je ne me fusse solidement accroché à la rambarde, je passais par-dessus bord.

Il n'y avait qu'un seul parti à prendre, transformer l'appareil en sous-marin. Il retrouverait la sécurité et le calme à quelque dizaine de pieds sous les eaux. Braver plus longtemps les fureurs de cette mer démontée, c'eût été se perdre...

Robur se tenait sur le pont, où j'attendais l'ordre de rentrer dans ma cabine. Cet ordre ne fut pas donné. On ne fit même aucun préparatif pour l'immersion.

L'œil plus ardent que jamais, impassible devant cet orage, le capitaine le regardait *bien en face,* comme pour le défier, sachant qu'il n'avait rien à craindre de lui. Encore fallait-il que l'*Épouvante* plongeât sans perdre une minute, et Robur ne semblait pas décidé à cette manœuvre.

Non ! il conservait son attitude hautaine, en homme qui, dans son intraitable orgueil, se croyait au-dessus ou en dehors de l'humanité !... À le voir ainsi, je me demandais, non sans effroi, si cet homme n'était pas un être fantastique, échappé du monde surnaturel !...

Alors, voici les mots qui sortirent de sa bouche, et qui s'entendaient au milieu des sifflements de la tempête et des fracas de la foudre !

« Moi... Robur... Robur... Maître du Monde !... »

Il fit un geste, que Turner et son compagnon comprirent... C'était un ordre, et, sans une hésitation, ces malheureux, aussi fous que leur capitaine, l'exécutèrent.

Ses grandes ailes déployées, l'aviateur s'enleva comme il s'était enlevé au-dessus des chutes du Niagara. Mais, ce jour-là, s'il avait évité les tourbillons de la cataracte, cette fois, ce fut parmi les tourbillons de la tempête que le porta son vol insensé.

L'aviateur filait entre mille éclairs, au milieu des fracas du tonnerre, en plein ciel embrasé. Il évoluait à travers ces coruscations aveuglantes, au risque d'être foudroyé !

Robur n'avait rien changé à son attitude. La barre d'une main, la manette du régulateur de l'autre, les ailes battant à se rompre, il poussait l'appareil au plus fort de l'orage, là où les décharges électriques s'échangeaient le plus violemment d'un nuage à l'autre.

Il aurait fallu se précipiter sur ce fou, l'empêcher de jeter l'aviateur au cœur de cette fournaise aérienne !... Il aurait fallu l'obliger à redescendre, à chercher sous les eaux un salut qui n'était plus possible ni à la surface de la mer ni au sein des hautes zones atmosphériques !... Là, il pourrait attendre en toute sécurité que cette effroyable lutte des éléments eût pris fin !...

Alors, tous mes instincts, toute ma passion du devoir de s'exaspérer en moi !... Oui ! c'était pure folie, mais ne pas arrêter ce malfaiteur que mon pays avait mis hors la loi, qui menaçait le monde entier avec sa terrible invention, ne pas lui mettre la main au collet, ne pas le livrer à la justice !... Étais-je ou n'étais-je pas Strock, inspecteur principal de la police ?... Et, oubliant où je me trouvais, seul contre trois, au-dessus d'un Océan démonté, je bondis vers l'arrière, et, d'une voix qui domina le fracas de l'orage, je criai en me précipitant sur Robur :

« Au nom de la loi, je... »

Soudain, l'*Épouvante* trembla comme frappée d'une violente secousse électrique. Toute sa charpente tressaillit ainsi que tressaille la charpente humaine sous les décharges du fluide. L'appareil, atteint au milieu de son armature, se disloqua de toutes parts.

L'*Épouvante* venait d'être foudroyée, coup sur coup, et ses ailes rompues, ses turbines brisées, elle tomba d'une hauteur de plus de mille pieds dans les profondeurs du golfe !...

XVIII

Le dernier mot à la vieille Grad

Lorsque je revins à moi, après être resté sans connaissance – combien d'heures, je n'aurais pu le dire –, un groupe de marins, dont les soins m'avaient rappelé à la vie, entourait le cadre de la cabine où j'étais déposé.

À mon chevet, un officier m'interrogea, et, ma mémoire retrouvée, je pus répondre à ses questions.

Je dis tout, oui !... tout, et, assurément, ceux qui m'entendirent durent croire qu'ils avaient affaire à un malheureux dont la raison n'était pas revenue avec la vie !

J'étais à bord du steamer *Ottawa,* en cours de navigation dans le golfe du Mexique, et faisant route vers La Nouvelle-Orléans. Alors qu'il fuyait devant l'orage, l'équipage, rencontrant l'épave à laquelle j'étais accroché, m'avait recueilli à bord.

J'étais sauvé, mais Robur-le-Conquérant et ses deux compagnons avaient terminé dans les eaux du golfe leur aventureuse existence. À jamais disparu le Maître du Monde, frappé de cette foudre qu'il osait braver en plein espace, emportant dans le néant le secret de son extraordinaire appareil !

Cinq jours après, l'*Ottawa* arrivait en vue des côtes de la Louisiane, et, le matin du 10 août, il mouillait au fond du port.

Après avoir pris congé des officiers du steamer, je montai dans un train en partance pour Washington, ma ville natale que, plus d'une fois, j'avais désespéré de revoir !...

Tout d'abord, je me rendis à l'hôtel de la police, voulant que ma première visite fût pour M. Ward.

Quelles furent la surprise, la stupéfaction et aussi la joie de mon chef, quand la porte du cabinet s'ouvrit devant moi !... N'avait-il pas toutes raisons de croire, d'après le rapport de mes compagnons, que j'eusse péri dans les eaux du lac Érié ?...

Je le mis au courant de ce qui s'était passé depuis ma disparition, – la poursuite des destroyers sur le lac, l'envolement de l'*Épouvante* au-dessus des chutes du Niagara, la halte dans l'enceinte du Great-Eyry, la catastrophe pendant l'orage à la surface du golfe du Mexique. Il apprit alors que l'appareil créé par le génie de ce Robur pouvait se transporter à travers l'espace, comme il le faisait sur terre et sur mer...

Et, au vrai, est-ce que la possession d'un tel engin ne justifiait pas ce nom de « Maître du Monde » que s'était donné son créateur ?... Assurément, et ce qui est certain, c'est que la sécurité publique aurait été menacée à jamais, car les moyens défensifs lui eussent toujours manqué.

Mais l'orgueil que j'avais vu s'accroître peu à peu chez cet homme prodigieux l'avait poussé à lutter, au milieu des airs, contre le plus terrible des éléments, et c'était miracle que je fusse sorti sain et sauf de cette effroyable catastrophe.

C'est à peine si M. Ward put croire à mon récit.

« Enfin, mon cher Strock, me dit-il, vous êtes de retour, et c'est le principal !... Après ce fameux Robur, vous voici l'homme du jour !... J'espère que cette situation ne vous fera pas perdre la tête, par vanité, comme à ce fou d'inventeur...

– Non, monsieur Ward, répondis-je. Vous conviendrez toutefois que jamais curieux, avide de satisfaire sa curiosité n'aura été mis à de telles épreuves...

– J'en conviens, Strock !... Les mystères du Great-Eyry, les transformations de l'*Épouvante,* vous les avez découverts !... Par malheur, les secrets de ce Maître du Monde sont morts avec lui... »

Le soir même, les journaux de l'Union publièrent le récit de mes aventures, dont la véracité ne pouvait être mise en doute, et, comme l'avait dit M. Ward, je fus l'homme du jour.

L'un d'eux disait :

« Grâce à l'inspecteur Strock, l'Amérique détient le record de la police. Tandis qu'ailleurs, on agit avec plus ou moins de succès sur terre et sur mer, la police américaine s'est lancée à la poursuite des criminels dans les profondeurs des lacs et des océans et jusqu'à travers l'espace... »

En agissant comme je l'ai raconté, ai-je fait autre chose que ce qui sera peut-être à la fin de ce siècle le rôle de nos futurs collègues ?

On imagine aussi quel accueil me fit ma vieille servante, lorsque je rentrai dans la maison de Long-Street ! À mon apparition – n'est-ce pas le mot juste ? – je crus qu'elle allait trépasser, la brave femme !... Puis, après m'avoir entendu, les yeux mouillés de larmes, elle remercia la Providence de m'avoir sauvé de tant de périls !

« Eh bien... monsieur, dit-elle, eh bien... avais-je tort ?...

– Tort, ma bonne Grad ?... et de quoi ?...

– De prétendre que le Great-Eyry servait de retraite au diable ?...

– Mais non, ce Robur ne l'était pas...

– Eh bien, répliqua la vieille Grad, il eût été digne de l'être ! »

FIN

19564682R00066

Printed in Great Britain
by Amazon